豊田健一 著
青木健生 シナリオ制作
嶋津 蓮 作画

マンガでやさしくわかる総務の仕事

General Affairs Department

日本能率協会マネジメントセンター

はじめに

『月刊総務』編集長という仕事柄、さまざまな総務の関係者と日々お会いしています。その出会いを通じて感じることは、総務の社内における重要性や可能性、会社を変える潜在能力の高さです。「総務が変われば会社が変わる」と言われるように、多くの方が総務に注目し始めています。

例えば、私どもよりはるかに大きなマスメディアが経営者に総務の重要性を訴求しようとしていたり、総務のベテランが「総務業界」底上げのために、総務関係団体の横串を刺そうとしていたり、総務の可能性を感じて総務へのアプローチの仕方を聞きに来られる方も大勢いらっしゃいます。

社会情勢からも総務の重要性が見えてきます。「ワークスタイル変革」の必要性です。ダイバーシティ、グローバル化、イノベーション……。従来の働き方では対処できない時代にワークスタイル変革が必要とされています。新たな社内制度やオフィス、すべてを含んだ「場」作りがまさに総務の仕事。それなくしてワークスタイル変革は実現しません。

一方、総務で働く当事者は働く意欲が低下していたり、何を目標とすれば良いか迷っていたり、総じて元気がないように見受けられます。私の総務の経験から、総務で働くモチベーションは、「総務の捉え方」ひとつであると感じています。言われてする仕事と捉えるのか、会社を変えることができる仕事と捉えるのか。「やらされ感」満載で仕事をして面白いはずがありません。どうせすることになるのであれば、積極的に自分の仕事として捉えて動いた方がどれだけ楽しいことやら。

今回本書を執筆するきっかけは、ますます重要性が高まっている総務、そこで働く皆さんを元気にしたいと思ったからです。「総務が変われば会社が変わる」、これは事実です。総務が元気になれば会社も元気になるのです。私が所属したリクルートの総務部はとにかく元気でした。この元気な総務部が仕掛けるイベントが楽しくないわけがありません。総務部を「お祭り課」と命名している企業、「創夢部」としている企業もあります。総務のパワーを実感しているがゆえのネーミングでしょう。

本書では、営業のエースであった高城あやのが、社長の意向で総務部に異動するところから物語が始まります。渋々異動したあやのが総務の可能性を見いだし、社内を動かし、そして……。理想形かもしれませんが、私は、これは実際に起こり得るストーリーだと信じています。みなさんも自己投影しながら読んでいただければ、きっと元気が湧いてくるはずです。

本書で描かれているあやのの仕事は社内活性化が中心です。解説部分でも取り上げています。今必要とされているワークスタイル変革の大事な要素だからです。総務の仕事は細部を見ていけば、個々に膨大な解説書が書けてしまいます。技術の進展も目覚ましく、細かく書いたとしても陳腐化してしまいます。ですから本書では、個々の仕事に共通する内容、時代が変われど大切にしていきたい内容を中心に掲載しています。

また本書では、マンガの後に解説が付きますので、初めて総務の仕事に就いた方でも臨場感を持って理解できますし、ベテランの総務の方も、改めて総務の仕事を見直すきっかけになると思います。

私の総務経験、現在も行っている社内活性化のお手伝い、『月刊総務』での取材、あるいは所属している一般社団法人ファシリティ・オフィスサービス・コンソーシアム（ＦＯＳＣ）の総務の大ベテランのご意見。総務のエッセンスを余すところなく盛り込みました。本書を通じて、総務で働く方がひとりでも多く総務の可能性を感じ、嬉々として総務で仕事をしてくれることを願ってやみません。

２０１６年2月

『月刊総務』編集長　豊田　健一

マンガでやさしくわかる総務の仕事　目次

はじめに……003

Part 1

総務はどんな仕事？

Part 2

総務に必要な視点とは

でも そもそも 総務が成長 するためには 何が必要 なんですか？
そりゃあ
まずは 「人」 でしょうね

Part 3

総務の重要施策・社内活性化

Part 4

さまざまな業務の進め方

Part 5

総務担当者が押さえておくべき〝心がまえ〟

Part 1

総務はどんな仕事？

ルーティン業務が中心で、言われたことを粛々とこなし、
やって当たり前、少しでもミスすると怒られる。
他の部門からは何をしている部署か理解してもらえず、
会社に貢献するとは思われていない……。
一般的に、総務部にそのようなイメージを持っている方が
多いのではないでしょうか？
こう言うと、暗く、将来性のない部門として捉えてしまいそうですが、
果たしてそうでしょうか？
あらためて総務部の立ち位置を見てみると、
そこには大きな可能性を感じることができるはずです。
総務の位置付けから総務のあり方について、詳しく見ていくことにしましょう。

総務のやりがいって？
Story 1
CAPELLA
東京下町にある文具メーカー「カペラ」本社
営業
そ総務――!?

ざわ…
私何かミスしましたか!?
営業一筋頑張ってきましたよねぇ!
なのに総務に異動って…おかしくないですか!?
お落ち着いてくれ高城さん…
営業部《うち》も成績トップの「エース」が抜けるのは痛いがかなり上の…
社長の意向らしい
!

——大好きな
カペラの文具を
たくさんの人に
好きになって
もらいたくて
入社したのに
総務部に異動
しちゃったら
総務部
カペラの文具のために
仕事できなくなる!!

そもそも総務って地味そうだし
つまんなそう……だし
これもやっといて
でも大変そうだし
えー……
頑張りが結果につながることがあるから
営業成績
自分の結果が会社の利益に直結するから
営業はやりがいあったけど
総務どうなの……?
あるの?やりがい……

ホントに社長のしわざなら・・・直訴でもしてみよっかなぁ
けどそんなに簡単に会える相手でもないし…
カツ
しゃ
社長っ!!
!?

営業部の高城あやのです！
本当ですか？私の総務部への異動が
社長のお考えだというのはっ！
！
私 営業が好きなんです
結果も出していると思います!!
今のまま働かせてください！
ちょっとキミっ！
……

営業よりも
カペラが好き
ですよね？
！
でも高城さん
あなたは
そ それは
そうですが…
…カペラが
好きだから
入社しましたし
なら
この春から
「総務のエース」
になりませんか？
!?

文房具
文具の低価格化の影響などもあって我が社の収益は下がり続けています
老舗メーカーが再び輝くために
今何をすべきか?
父でもある先代社長に相談してみました
すると――
変えるなら総務だ
30年ほど前カペラに「伝説の総務」と呼ばれた社員がいた
その活躍で我が社は創業以来最高の収益を達成した

会社を
変えるなら…
良くしたいなら
総務から
だそうです
総務部で
活かして
くれませんか？
あなたの力を
………！
数日後
社長じきじきに
言われたから
総務で働いてみたけど

誰でもできそうな
単調で……
地味な
ルーティンワーク
ばかり
ろくに外にも
出られないし…
これでホントに
会社を
変えられる？
「伝説の総務」って
先代社長の
作り話じゃないの？
リアリティが
なさすぎて
空想世界のヒーロー
っぽくしか思えない
LEGEND
So-MU

私も
桜みたく…
このまま
散っちゃうのかなぁ
はあ〜〜
ため息をついて
しまうのは……
仕事がきつい
からですか？

それとも…
仕事がつまらないからですか？
ぱくっ
……
……どっちも違います……
もぐもぐ
「わからない」んです
移動先の部署で何をどうすればいいのか
……

どこに異動に？
総務部です……
仕事はたくさんありますが
ただただ「こなしている」って感じで……
雑用係のように言われたことや
地味なことをやり続けるばかり
そりゃ いたほうが会社としては便利でしょうけど……

私はもっとやりがいのある…
スケール感ある仕事が……
総務はやりがいもスケール感もありますし
「何でもできる」部署ですよ？
？
能力も好きなだけ高められますし
LEGEND SO-MU
会社にも貢献できます

貢献できるって…
営業よりも？
もちろん！
だって総務は
経営と現場
社外と社内
それぞれの中間に
立つことができるんです！

総務になれたのはチャンスです！
このチャンスをものにしてあなたも会社も共に…
輝かせたらどうですか？
あ…
あなた誰ですか？

01

一般的な総務の位置付け

●総務の4つの位置付け

みなさんの会社の総務部には、どのような業務があるでしょうか。

まずは、かつて私が所属していた従業員1000人規模、売上200億円の小売業の総務部の管轄業務を例にご説明したいと思います。その当時、その会社の管理部門には人事部、経理部、財務部、経営企画室、情報システム室があり、それらの部署が担当している業務以外の範囲が総務部の管轄となっていました。具体的には下表のような業務です。

ご覧のように、とにかく広範囲に及び、

総務のさまざまな仕事の例

文書管理、印章管理、固定資産・備品管理、消耗品管理、帳票・封筒・名刺管理、オフィスレイアウト管理、不動産管理、車両管理、安全運転管理、保安・防災業務、情報セキュリティの整備、秘書業務、受付業務、福利厚生業務、安全衛生管理、健康管理、社内外の慶弔業務、社葬の実施、会社行事・イベント業務、契約・契約書管理、規則・規程管理、株主総会・取締役会業務、株式管理、IRの実施、社内・社外広報、HPの管理業務、官公庁との渉外、地域との渉外、社会貢献活動、環境対策、リスクマネジメント、業務委託管理　など専門性が必要となる業務もあります。私が所属していたその会社では、部長、課長、係長、そしてメンバー3人、合計6人で対応していました。他の部門から見れば、これだけ広範囲にわたる業務をしていれば、マンガで語られていたように、一体「何屋」かわからないのも無理からぬことでしょう。この「何でも屋」としての総務、一般的には、次の4つの位置付けとして考えられることが多いようです。

①社内のサービス・スタッフ機能

庶務業務、文書作成・管理、福利厚生など、企業活動を円滑に進めるためのスタッフ業務としての位置付けです。総務で行う多くの業務がこのカテゴリーに入るでしょう。

②経営層の参謀役

経営層の意思決定、その他の経営的な業務に必要な情報提供やアドバイスを行うことを指します。従業員が1000人程度になると、経営企画室という専門部署に分化することになります。しかし、社外との接点が多い総務部は、経営に必要と思われる情報に触れることが多いので、どのような企業規模になろうとも、情報提供は行うべきでしょう。

③全社コミュニケーションのパイプ機能

社内報などの社内コミュニケーション・メディアの運用や、ICTなどのインフラの整備。全社への周知徹底のための通達の運用や、その他の施策での告知活動。あるいは、部門間の利害の調整を図る業務などが該当します。企業規模が大きくなればなるほど、さまざまな社内メディアが登場し、それを専門とする広報室が担当することもあります。

4. 全社的活動の推進役

株主総会、入社式、社員総会など全社的イベントの企画、運営業務。失敗の許されない、そしてタイトな業務となります。全社を巻き込みながら、段取り良く進行を管理しなければなりません。日ごろから協力してもらえる社員との関係作りが必要となります。

総務には、大きく分けると以上のような4つの立ち位置があるのです。このように整理することで、次の4点が導きだせます。

- **総務の業務は現場の業務の円滑化のためにある**
- **経営層にも情報提供することで役に立てる**
- **組織に欠かせないコミュニケーションを活性化することで会社を元気にできる**
- **全社を巻き込むイベントの実施により全社に刺激を与えることができる**

総務の機能を、組織を人の体に例えて見ると左頁のようにまとめられます。

総務の機能(会社を人に例えると)

栄養を補給し、体質を強化する

・事務作業のプロ
・業務規則の番人
・縁の下の力持ち
・機密情報の管理
・従業員の安全と安心を守る
・社内の各種調整役
・会社の内部を統制する
・会社組織を外部から守る
・コストカッター

ものごとを判断し、より良い方向に導く

・経営ビジョン、改革の推進役
・企業中枢のブレーン
・経営トップの参謀
・会社のかじ取り
・企業内コンサルタント
・オフィスプランナー
・会社資産の運用
・会社組織を強くする

血の巡りを良くし、体の動きをスムーズにする

・他部署に対するサービス
・社内コミュニケーションのパイプ役
・営業、製造部門のサポート
・社内のよろず相談
・企業のムードメーカー
・企業文化、社風を守る

皮膚を鍛え、外からの刺激に対応する

・危機管理の専門家
・株主、ステークホルダーとの交渉
・企業の社会への窓口

病気の予防、対処

・トラブル処理
・社内外のクレーム対応

02 総務の課題

●もっとも悩ましいのは「業務の明確化・効率化」

総務部門が抱える、総務の課題について見ていくことにします。総務で働く方は現在、どのような課題を抱えているのでしょうか。詳しく見ていくことにしましょう。

このランキングは、２０１３年に雑誌『月刊総務』が行った全国総務部門アンケートの結果で、さまざまな課題について優先順位を付けてもらったものです。このランキングの内容は、２０１３年以降もあまり変化は見られません。総務における本質的な課題が表れている結果と見ていいでしょう。

第1位の「業務の明確化・効率化」。これには2つの側面があります。ひとつは、冒頭にも記したように、他の部門から何をやっている部門であるかを理解してほしい、という課題です。他の部門から見れば、総務部がどのような業務をしているか皆目わからないでしょうし、何を目的としているかも判然としないはずです。行っていることがわかり、目指すべき目的も理解できれば、それに対しての評価もできますし、協力もしやすいでしょう。現状では何もわからず、結果として評価も協力もしづらいということになります。こ

総務部門の課題 第一優先課題

1	業務の明確化・効率化	39.6%
2	無駄・コスト削減	15.7%
3	社員研修・教育	9.6%
4	人材の確保	7.6%
5	部門の地位向上	4.6%
6	防災への対応	3.6%
7	ESの向上	3.0%
7	社内コミュニケーション	3.0%
7	BCM（事業継続マネジメント）	3.0%
7	コンプライアンス	3.0%
11	ワーク・ライフ・バランス	1.5%
12	健康管理・メンタルヘルス	1.0%
12	文書管理	1.0%
12	設備・備品管理	1.0%
15	個人情報保護・機密管理	0.5%
15	情報セキュリティ対策	0.5%

2013年11月　「全国総務部門アンケート」（『月刊総務』）より

の課題は、第5位にある「部門の地位向上」にもつながります。ですから、総務部としては、自らが行っている業務を見える化し、その業務がどのように会社の業績貢献につながっているかを明らかにし、そしてそれをアピールする必要があるでしょう。そうなれば、経営も現場も総務に関心を寄せるでしょうし、期待もするでしょう。関心を持たれ、期待されれば、総務としても張り合いが出てくるはずです。待ちの姿勢では、その存在を知ってもらえることはありません。積極的に自らの業務をアピールすることが大切です。

もうひとつの側面は、総務部内でも、各担当がどのような業務を抱えているのかが見える化できていないということです。総務ほど属人化された部門はないでしょう。Aさんが担当している業務は、Aさんが会社を休むと誰も対応できない、ということがごく普通に、それも当たり前のようにあります。そして、各人が持っている業務そのものが、各人の存在意義になっている場合もあり、なかなか見える化をしてくれないこともあるでしょう。見える化できなければ、効率化、標準化は絶対に不可能です。アウトソーシングもできません。そのこと自体に総務自身も気づいてはいるのですが、目の前の仕事に追われ、見える化がなかなか実現できないのが実際のところでしょう。そのことを課題として総務も考えている結果が、このランキングに表れています。

各自の業務の明確化、それによる効率化、標準化をすることで、リソースに余力ができ、その余力でもって、「攻めの総務」に転じる。「攻めの総務」に転じれば、明らかな業績貢献に結び付くはずです。そのように総務としても考え、この課題をまずは解決したいと思っているのではないでしょうか。

●すべての業務をゼロベースで見直す

第2位の「無駄・コスト削減」。この課題はどの時代においても常に上位に入ってくる課題です。総務が扱う費用項目は、その項目数もさることながら、各項目を全社合計で見た場合には、その額は相当な額になります。ですから、コスト削減のインパクトも大きく、全社のコスト削減の中心となる部門です。しかし、アンケートの回答を見てみると、これ以上のコスト削減施策が見当たらない、もうコスト削減の手立てがない等々、コスト削減についてはやり尽くしたというコメントが多くありました。確かに2008年のリーマンショックの際に、乾いた雑巾を絞るだけ絞ったように見受けられました。簡単にできるコスト削減はほとんどやり尽くしたのでしょう。

では、どうしたらいいのでしょうか。

次に取るべき手段は、すべての業務について、ゼロベースで見直すことです。小手先のコスト削減ではなく、抜本的に、業務をその存在意義まで遡って見直すことです。やるべきことは、全業務の目的の再確認です。そもそもなんのためにその業務を行っているのかを、根本的に見直すのです。時代も、置かれている環境も変化しているはずです。従来通りに、淡々と行っている業務であっても、もしかしたら、その存在が不要な業務があるかもしれません。あるいは、従来通り行っている手法ではなくても、同じ目的が達成される、もっと効率の良い手法があるかもしれません。聖域を設けずに、すべてについてゼロベースで見直すことが必要です。業務そのものがなくなれば、それに係る費用や人件費が丸ごとなくなります。そして、業務目的の再確認は、毎年行うべきでしょう。

●社内で一気通貫の教育施策が必要

第3位の「社員研修・教育」については、研修の効果が出ない、という課題です。これは、教育研修制度の未整備、教育研修を受ける社員の意識という課題もありますが、むしろ、教育研修を受けた社員を受け入れる社員側の意識について課題が多いようです。よくあるのが、新入社員が新入社員研修を終了し、各部門に配属された際に「まあ現場は現場のやり方があるから、これからみっちり勉強してくれ」と言葉を掛けられるようなケースです。このような言葉を掛けられた新人は、「では、いままでの研修って?」という思いを持ってしまうわけです。一生懸命に勉強してきたことが無意味になってしまいます。これは、何も新入社員研修に限った話ではありません。どうも、研修を実施する側と、それに懐疑的な現場の意識が存在するようです。研修を企画する管理部門側が、現場の意向やニーズをくみ取れないまま研修メニューを策定してしまうことが原因でしょう。理想は、研修を受けた内容を現場で実践し、それがそのまま評価につながるということです。総務部だけでなく、管理部門が行うすべての施策について、一気通貫の考え方が必要となります。

●そもそも総務に人材が足りない！

第4位の「人材の確保」。これは、全部門にわたり、優秀な人材の確保が難しくなっている現実が表れているのでしょう。中でも総務部では、とりわけ重要な課題でもあります。コスト削減となると、その旗振り役となるのが総務。まずは総務からコスト削減を行っていかないと、全社が動いてくれません。結果として、総務ではギリギリのメンバーで業務を回すということが実態となっています。人数はいたとしても、正社員ではなく、契約社員や派遣社員など、業務の本質や過去の履歴がわからない状態で、担当業務を行っているケースもあります。さらに、その業務がアウトソーシングされている場合、自社にその業務のナレッジ（知識）が残らず、アウトソーサー（業務委託先）の言いなり、という事態も生じています。そうなると、先に記した抜本的な業務改革が難しくなります。業務の目的と全体像など、その業務の肝となる部分がわからないままでは、改革に手をつけることは不可能となります。その意味で、今後、総務業務の改革、攻めの総務の実践を考えると、総務においても核となる人員の確保は重要な課題となってくるはずです。

●「何でも屋」の総務からの脱皮

第5位の「部門の地位向上」。これはまさに、「何でも屋」である総務からの脱皮です。先に記したように、待っていても総務の地位が向上することはありません。自らの目的を明確にし、アピールし、さらに積極的に全社に貢献するプロジェクトを仕掛けるなどして、結果を出していく必要があります。後々紹介していきますが、働く場の環境整備や社内コミュニケーション活性化など、企業業績にも貢献し、現場の社員も喜ぶ施策を仕掛けていくのです。総務でしかできない施策を見つけ、リーダーシップを発揮して、全社を変える――。総務で行う施策は、全社に影響力を発揮できる施策が数多く存在します。つまり、他のどの部署よりも全社を変えることができる可能性があるのです。

「総務が変われば会社が変わる」と言われるのは、このためなのです。

03

総務のあり方とは

●「あり方」を5つにまとめると……

次に、実際に総務の現場で働く方々への取材を通じて見えてくる、総務のあり方について考えてみます。先に記した従来から言われている一般的な総務の位置付けから、さらに踏み込んだ総務のあり方が見えてくるでしょう。ここではそれを5つまとめました。

1．各部署がそれぞれの専門業務に専念できる職場環境作り

端的に言えば、現場の社員が本業に専念できる職場環境整備となります。これは、オフィスレイアウトの整備、ICTの整備もさることながら、社内のルール、規程の整備も該当するでしょう。仕事をしていく上で必要なさまざまなことについて、その都度誰かに判断を仰いだり、いろいろと聞きまわったりせずとも、すぐにその方策やツールが見つかり使える、そのような本業とは直接関係ない、しかし会社生活を送る上では必要なことがらがすぐに完了する体制を整備することです。この分野では総務が活躍できるフィールドが数多くあります。そのフィールドにおいて、利用者である現場の社員目線で整備してあ

げるのです。

注意してほしい点は、総務部の皆さんと、現場の社員の意識の違いや理解度の違いです。総務部の皆さんは、ある意味、経営の中枢にいる方々です。社内の最新の、そして高度な情報に常に触れています。また、自分の管轄業務については、さまざまな情報に触れ、専門家となっているはずです。一方、現場の社員は、目の前の仕事については専門家であったとしても、総務の現場に対する施策については、前提知識もなければ、普段考えることもありません。このような総務部の皆さんと現場社員とのギャップを考慮せずに、総務目線で情報発信することは、現場に対して非常に不親切なことになってしまいます。常に現場の目線に立ち、現場が理解できる言葉で、職場環境整備に関する情報を発信すべきです。そうしないと、せっかく導入した素晴らしい施策やサービスも誤った使い方をされてしまい、その効果も半減してしまいます。

場合によっては、総務の現場に対する施策は、どのような小さいことであれ、その施策を担当した総務メンバーの思いとは、かけ離れた会社のメッセージとして受け取られる結果となることもあるという真実です。例えば、レイアウト変更した場合、現場で交わされる言葉、「こんな狭いところに我々を押し込めて、会社は俺たちを大事にしていないのか！」、逆に「今回は1人当たりのスペースが広くなった。社員を大事にする会社だ」。どちらに転ぶかわかりませんが、良くも悪くも、何をしたとしても、「会社は…」という会話が交わされてしまいます。せっかく良かれと思って行った施策が裏目に出てしまう。そのようなことがないように、現場を理解し、現場にわかる言葉で、その主旨をていねいに説明することが大切となります。

2．経営陣と現場とのパイプ役、翻訳役として、一体感や意欲を高めること

この意味するところは、経営と現場の潤滑油となって、経営の思いや経営が発信するメッセージを、現場目線で「翻訳」することです。経営トップは往々にしてトップ目線で語ってしまうので、それを現場にもわかるように、そして、具体的な行動が起こせるように咀嚼して伝える必要があるのです。トップメッセージの伝え方は、「書かせるな、語らせろ」と言われます。目の前の社員に語ることで、目線がその社員レベルに降りてくるからです。ですから、経営トップが現場に出向き話し合う、「タウンホール・ミーティング」「車座」と言われる、経営トップと現場の社員が直接語り合う場が作られるのです。このような仕掛けは総務部が仕組み、全社を巻き込んでいくことが必要です。

3. 経営に必要な情報の収集と提供を行う

これは先に記した「経営の参謀役」と同じあり方です。経営判断に必要な情報を集め、精査して提供することです。しかし、これを行おうとすると、経営トップと同じ目線、少なくとも経営トップが何を考えているか理解していないと、役に立つ情報は提供できません。日ごろから経営トップとの情報交換、コミュニケーションが不可欠となります。先に記した「翻訳役」では現場目線が必要でしたが、この場合は経営目線が必要となってきます。

4. 業務を可視化・標準化し、効率化と質の向上、全体最適を推進する役割

このあり方は、どれだけ全社目線で社内が見られるか、という点が重要になってきます。どうしても個別最適、つまり自分さえ良ければ、自分の部署さえ良ければという考えで仕事をしてしまうことが多いものです。総務では常に全社を見渡し、全体最適が図られるように全社を導いていく役割があります。また、「総務の課題」の項（32頁〜）でお伝えしたように、他の部門に先駆けて、自らの業務の可視化、それにより標準化を行い、効率化を目指す部署としてありたいものです。その経験を他の部署に横展開していく、そんな模範となる部署を目指しましょう。

5．会社の「アクセル」と「ブレーキ」の双方を兼ね備えること

アクセルは社内活性化や社内イベントの開催など、全社に元気を与え、モチベーション向上に貢献することであり、ブレーキはコンプライアンスの徹底など、現場が足を踏み外さないようにチェックする、そのような役割です。そのバランスを会社の置かれた状況を鑑みながら上手に手綱さばきをしていく、そのようなイメージでしょうか。全社の雰囲気作りに重要な役割を果たすのも総務の役割と考えていいでしょう。

ある人が言っていました。「総務で使う費用は、全社を元気にするための販促費である」と。まさにその通り。総務が元気だと会社が元気になります。ある会社では、総務のことを「お祭り課」と呼んで、総務から元気の出る情報を発信したり、元気が出るイベントを企画しています。「会社の元気は総務が作る」。そのような総務でありたいものです。

04

総務の立ち位置とキャリアステップ

●総務の立ち位置を最大限活用する

総務業務を通じて、何かを得ようと思ったら、総務の立ち位置を最大限活用することが大切です。先に記した総務のさまざまな仕事の例（28頁）にあるように広範囲の仕事を経験できる可能性がそこには広がっています。

そして、来る者拒まずの姿勢で、どのような仕事でもポジティブに引き受けることです。その積み重ねにより、同時並行で処理できる能力や、イメージする能力など、今後どのような仕事に就こうとも共通して使えるビジネススキルが得られます。それは、まったく異なる仕事に就いたとしても、あるいは、転職したとしても通用する能力です。

まずは、あらためて総務の立ち位置を見てみましょう。

①経営と現場の中間に位置する総務
②社外と社内の中間に位置する総務
③他の部門の担当外を担当する総務

このような3つの立ち位置があります。それぞれの立場における総務の役割を全うすることで得られるものについて、以下に見ていきましょう。

●経営と現場の中間に位置する総務

ここでの総務の役割は、経営トップのメッセージや会社の方向性を、現場目線で咀嚼し、現場社員に伝達することです。当然、経営層、幹部クラスの考えをしっかりと理解する必要があります。総務にいると、かなり高度な情報に日々触れ合うことができます。社外に出してはいけない機密情報にも接することができます。会社の大きな方向性にいち早く触れることで、他の部門より先に行動を開始できるはずです。上からの指示を待つことなく、会社への貢献に寄与できる施策が現場より早く打ち出せるはずです。日々、経営層と接することで、経営や会社に対する「貢献」とは何かが見えてくるはずです。今、何が最重要課題なのか、早急に対応しなければならないことや中長期で達成すべきことなど、その「貢献」視点を持つことで、仕事の優先順位の付け方も学べるはずです。膨大な総務業務をさばくのに必要な優先順位を、「会社への貢献」という視点で付けられるはずです。総務の仕事は、「何をしているか」ではなく、企業に「何をもたらしているか」という視点で捉える必要があるからです。

一方、現場との接点も日々多くあります。そして、総務だからこそ現場に行きやすいというメリットもあります。人事が現場に出向くと「査定？　異動？」、経理や財務が出向くと「未提出の伝票の件？　債権回収？」、情報システム部門だと、「新しいシステムの導入？」などといろいろと勘繰られます。しかし、総務だと、あまり抵抗感なく現場も受け入れてくれるのではないでしょうか。かつて、総務における「ぶらぶら社員」が新聞記事に取り上げられたことがありました。多くの企業で、総務部のメンバーが「ぶらぶら」と現場に出向き、現場の課題や状況をヒアリングしに行ったものです。私のリクルート時代の総務部の上司もそうでした。突然自席からいなくなり、夕方近くになって戻ってくる。そして、その上司が起案する施策はことごとく現場にマッチしたものでした。現場に出向くことで、現場の状況に精通し、それをベースに施策を打っていったのです。総務のお客さまは社員です。であるなら、どの部署よりも現場に精通する必要があります。社内マーケティングの実践です。愚直に現場に出向くことで、誰よりも現場に精通し、そして膨大な社内人脈が構築できるのです。どの部署に異動しようとも、その人脈は活用できるはずです。

このように、経営と現場の中間に位置することにより、どの部署よりも、会社の方向性が理解でき、また、現場にも精通し、結果、偏らず、どちらの目線でも判断できる、全体最適の目線を養うことができるのです。

●社外と社内の中間に位置する総務

もうひとつの重要な立ち位置が、社外と社内の中間にいるという立場です。渉外業務があることにより、地域住民や近隣の会社はもとより、関係団体、関係諸官庁とも多くの接点があります。通常業務でもサプライヤーやアウトソーサー等のパートナーとも接点があります。士業や専門家との接点もあります。社外のネットワークを構築するには、最も適した部署であるはずです。自社のリソースだけでは、この変化の激しい時代に取り残されてしまう可能性があります。総務の幅広い社外のネットワークが生きてくる時代です。そして、何が業務として降ってくるかわからない総務において、社外ブレーンを増やしていくことは、円滑な業務対応には欠かせません。

その結果、多くの情報にも日々触れることができます。自社の企業活動に、現段階ではどのような影響を与えるかわからない事柄について、日々ウォッチしていくことも必要です。早期にリスクの芽を摘むことが、幅広いネットワークにより可能となります。この際、必要となるのが、それらの情報を自社に置き換える能力です。「自社事化《ごと》」する能力です。「自社事化」するには、前提として、自社のさまざまなことを知っておくことが必要となります。自社のどの部分に影響を与えるかがわからないと、有益な情報も見逃してしまいます。先に記したように、経営と現場に日々接することで、自社の課題や現状を知り、それがベースとなって、「自社事化《ごと》」が可能となるのです。この仕事を愚直に行っていけば、膨大な情報の選択眼が養われ、必要な情報への勘所が身に付くはずです。

一方で、総務がCSRの担当であることも多いでしょう。まずは、ステークホルダーとの対話から入ることがあるかもしれません。多くのステークホルダーと接することで、社外の目線で会社を見る習慣が身に付くはずです。「会社の常識は社会の非常識」とはよく言われるところです。会社に良かれと思ったことが、結果として、社会へ不利益をもたらすことは多くの事例があります。いわば、「正常と異常を見分ける目」は総務部が絶対に持っておくべき能力です。それは外部との接点がないとなかなか身に付きません。総務にいるからこそ、身に付く、CSRが経営に必須の時代となりつつある現在、大変重要な能力であるはずです。

●他の部門の担当外を担当する総務

ある総務の専門家の言葉です。「どこまでが総務の仕事かどうかの議論は本質ではない。誰かがやらなければならない仕事なら、総務がやればいいのです」。総務には日々、あらゆる仕事が舞い込みます。ある総務部長が言っていました。「昔は業務分掌にある仕事のみ受けていた。業務分掌から外れる仕事はすべて断っていた」と。それがすごいストレスだったそうです。ある時から、総務に来るものはすべてまずは受け取り、先に記した「企業への貢献」視点で優先順位を付けて対応していったそうです。明確な対応基準ができたことにより、部門への受けも良いそうです。

また、総務が担当する仕事は、他の部署ではできない、あるいは、やれない仕事です。全社の中で、誰もやれない、できない仕事であるということは、それを担当することで、全社で唯一の経験者となり、それは、自分にとって大きな財産となるはずです。その仕事をすることにより、知識と外部ネットワークも得られ、ひとかどの専門家となれる可能性があるのです。自らの引き出しを日々増やしていけるチャンスでもあります。どれだけ多くの引き出しがあるか、経験があるかが、総務担当者の価値でもあります。多くを経験することで得られる、段取りの組み方や同時に多くの仕事を処理できる能力、そして、初めての仕事であっても、仮説を立てつつ、業務フローをイメージできる能力など、多種多様な業務を経験することで、汎用性のあるビジネススキルが身に付くはずです。

以上のような3つの立ち位置を活用して、前向きに仕事をしていけば、経営層との接点により、自社における自らのあるべき姿を持つことができ、社内ではどのような立場で仕事をしようと明確な「貢献」という視点での判断軸を持つことができます。現場との接点により、現場目線も養われ、何より現場での豊富な人脈が築くことができます。社外との接点により、社外人脈の構築と社外目線で自社を見つめ直すことができます。そして汎用性のあるビジネススキルが獲得できます。例えれば、高性能のＣＰＵを備えた状態でしょうか。

とにもかくにも、すべては総務業務の捉え方次第です。やらされ感で行うのではなく、総務に配属されたことをチャンスと捉え、ポジティブに、必ず何かをつかみ取ってやる、という意気込みで総務業務を行えば、必ず成長するはずです。多くの財産を築ける総務業務に、積極的に取り組んでいただきたいと思います。

05

総務の1年

●年度始まりから終わりまでどんなことをしているのか？

ここまで、まずは、総務とはどんな仕事なのか？　をさまざまな切り口で見てきました。マンガでは、あやのが不本意な異動を苦にして、思い切って社長に「なぜ自分を総務に抜擢したのかと詰め寄る場面があります。そんな血気盛んなあやのに対して、社長は「（カペラが好きなら）この春から『総務のエース』になりませんか？」と声を掛けます（18頁）。

さて、では実際のところ、春からあやのは総務でどんな仕事に携わることになるのでしょうか。さっそく4月から3月までの標準的な総務の動きを追ってみましょう。ここで挙げている各月の仕事は、その月に行うべきもの、行った方が良いと思われるものを記載しています。ご承知のように総務の仕事は28頁に記したように広範囲にわたります。突発的な仕事も多いので、ここに挙げている当該月に行わなければならない仕事が対応できなくならないように、計画性をもって早めに着手しましょう。

4月

4月は年度始め。さまざまな業務が始まります。今年の計画をしっかりと立て、社内に告知していきましょう。

標準的な業務

・新入社員入社式
・新入社員歓迎会
・新入社員オリエンテーション
・永年勤続者の表彰
・新年度の総務部体制の構築（新年度経営計画と連動）
・春の交通安全週間
（安全運転講習会の実施、社内免許クリーニング、
交通事故削減キャンペーンの実施）
・株主総会の諸準備
・取締役会開催と議事録作成
（計算書類の承認、監査役会・会計監査人への計算書類提出）

業務のポイント

●新年度の総務部体制の構築

新年度の経営方針、組織体制が発表された後、それに基づき、新年度の総務部目標を立て、新組織体制を構築します。ゼロベースを念頭におき、総務部の目指すべき方向性を、経営、社会経済環境に柔軟に適応させていく必要があります。組織を固定化してはならず、常に改善改革を目指せるよう、全メンバーが意識できる体制とすべきです。

●春の交通安全週間

社用車を利用している企業は、この時期、交通事故予防対策の一環として、安全運転講習会や交通事故削減キャンペーンを実施します。法的必要性だけではなく、ドライバーを交通事故から守る、というスタンスで実施すること。車両に係る管理はすべて、このスタンスに立ち実施すると効果的です。

5月

5月は、年度始めの慌ただしさも終わり、今年度の重点施策に取り組み始める時期です。1年間は長いようで、あっという間です。早めに実行することです。

標準的な業務

・職場の安全点検
・制服衣替え準備(配付先・配付枚数の確定)
・GWの休暇体制の確立と対社外広報
・保有備品のチェック、備品シールの貼付
・各階層別集合研修
・社員持株会総会の開催準備
・株主総会の諸準備
(想定問答集、シナリオの確定、招集通知作成、
出席株主・運営メンバーの確定)
・取締役会開催と議事録作成
(総会の招集、計算書類・総会議案の確定)

業務のポイント

●保有備品のチェック、備品シールの貼付

会社の資産は固定資産管理、減価償却費の計算上、厳密に管理されているものですが、資産計上されない小額備品の管理はあまりされていません。しかし、会社の持ち物であることには変わらず、適切な維持管理をしていかなければ、結局コストがかかってしまうことになります。部署ごとの管理表をもとに、実存チェック、利用度合いチェックをして、有効活用しましょう。

●株主総会の諸準備

この時期、株主総会の準備が最も忙しくなる時期となります。ポイントは、事務局や受付、誘導等の各係はもちろん、少しでもこの準備に関係するメンバーには、総会の重要性、混乱した場合の事態について、きっちりと認識をしてもらうことです。例え、実質20数分で終了するとはいえ、全社一丸で取り組む必要があります。

6月

6月は株主総会の開催時期です。それに関係する業務が多岐にわたります。法的に定められている業務ですので、法令違反にならないよう注意しましょう。

標準的な業務

・株主総会の準備
・新役員就任の挨拶状の発送
・新任管理者研修の実施
・自己申告書の提出と整理
・全社文書管理体制の確認
・暑中見舞い用はがきの手配
・中元贈答品の決定と発送準備
・賞与の決定と手続き
・取締役会開催と議事録作成

業務のポイント

●法定書類の備え置き

株主には、計算書類や株主総会議事録、株主名簿、定款等の閲覧や謄写をする権利があります。過去にほとんど権利行使がされなかったとしても、対応方法については、窓口である総務部内で統一しておくべきでしょう。マニュアルとして標準化しておき、どの株主に対しても同一の対応がとれるようにしておくことが必要です。

●役員就任、退任手続き

株主総会において、取締役、監査役の改選が承認され、その後の取締役会において代表取締役の選任が行われます。それらの議事録等により登記申請が必要となります。その他、挨拶状の発送があり、文面もさることながら、発送先のクリーニングは前倒しで実施しておくことがポイントです。

7月

期初から3カ月経過し、株主総会も終わり、少しは落ち着く時期。期初の計画の進捗を見てみましょう。残り9カ月の中で、どれくらいやるべきこと、やりたいことができるか見極める時期です。

標準的な業務

・新卒採用活動
・3カ月経過後の予算と実績の差異分析（予算の検証）
・福利厚生施設、夏季利用の調整
・社員食堂の衛生管理の徹底（食中毒予防）
・冷房機器の点検整備（機能発揮による省エネ効果）
・オフィス環境の整備（環境整備による効率アップ）
・中元贈答品の発送
・官公庁へのご挨拶（警察・消防他）
・暑中見舞いの発送
・自衛消防隊審査会（自衛消防隊の技能向上）
・取締役会開催と議事録作成

業務のポイント

●3カ月経過後の予算と実績の差異分析

新年度3カ月経過した段階で、経費実績を正確に把握し、2月に作成した予算との差異を分析します。新体制で開始した各施策（経費削減や新手法の導入）の効果が、ある程度判明する時期でもあります。効果の検証を行い、軌道修正をするのなら早めに検討を開始すべきです。常に改善改革を目指し、経費の効率的運用を目指します。

●オフィス環境の整備

目に見える経費の削減もさることながら、業務の効率化、迅速化による人件費の効率的運用にも目を向けるべきです。OA機器（コピーやFAX）の配置や端末、プリンターの配備状況、ICTの整備等による、オフィスインフラの整備も大切な経費削減施策のひとつです。

8月

8月は比較的業務が少ない時期になります。この時期に、本来やらないといけない業務に手を付けておくと良いでしょう。夏休みがありますので、その間に緊急事態が発生した場合の連絡体制は考えておきましょう。

標準的な業務

・採用内定者のフォロー
・夏季休暇の社内体制の確立と対外広報
・防犯対策
・光熱費コスト削減の徹底
・消防訓練の諸準備
（消防署への通知、プログラムの確定、役割者への通知）
・防災教育の実施（消防訓練の目的の再確認）
・中元贈答品のお礼状の発送
・取締役会開催と議事録作成

業務のポイント

●光熱費コスト削減の徹底

この時期、エアコン使用による光熱費が上昇します。設定温度によっては、さらに費用の増加が懸念されます。設定温度を固定できるエアコンもありますが、まずは、全社共通で設定温度の認識を持つべきです。さらに、経費データを駆使して、納得性のある説明を心がけ、周知徹底活動を実施します。

●防災教育

消防訓練を効果的に行うためには、その前段階としての防災教育を実施する必要があります。教育の目的は、その場の判断を極力減らし、機械的に動けるようにすることです。想定される災害をすべて明らかにし、パターン別に整理し、その対処法を示します。考え方も必要ですが、具体的な事象で、個別に行動パターンを明示しておくべきです。

9月

9月は防災の日、安全運転週間などリスク管理に関する事項が多い月です。このきっかけを上手に使い、社内のリスク管理マインドを高めると良いでしょう。

標準的な業務

・半期決算準備
・半期人事異動諸手続（名刺の手配、レイアウト変更、座席の確保）
・半期組織改定諸手続（組織図、名刺の変更）
・定期健康診断の実施
・名入りカレンダー、手帳の作成
・消防訓練の実施
・取締役会開催と議事録作成

業務のポイント

●消防訓練の実施

当日は必ず消防署に参加してもらって、緊張感をもって行える環境を整えます。単なる避難訓練だけではなく、消火器、屋内消火栓の使用、水消火器による取扱訓練や、煙体験ハウスによる訓練も取り入れます。消防署と事前に相談して、毎年レベルアップを目指し、従業員の防災意識を高めていきます。

●安全運転管理者法定講習の受講

法的に安全運転管理者を届け出た場合、その者は毎年1回法定講習を受講しなければならなりません。安全運転管理者のやるべき事項を認識し、自社に必要な施策を検討、実施していきます。各企業の事業形態に合わせた施策に絞り、確実に実施していき、ドライバーの安全運転意識を高めていきます。

10月

10月からは下半期が始まります。上半期の計画の進捗も鑑みながら、下半期の計画を軌道修正する等、今期の落としどころを見据えて動きましょう。

標準的な業務

- 内定式
- 採用内定通知
- 福利厚生施設、冬季利用の調整
- 半期経過後の予算と実績の差異分析（予算の検証）
- 半期経過後の総務業務の見直し
- リスク管理体制の見直し（消防訓練を経て）
- 損害保険の見直し
  （リスク管理体制と連動、火災・自動車等、保険の見直し）
- 資格取得支援
- 取締役会開催と議事録作成

業務のポイント

●半期経過後の総務業務の見直し

新年度経営方針と新組織体制に基づき実施した、本年度の新施策についての効果を検証します。費用対効果、サービスレベルの評価、納期の再確認も含めて、継続していくのか、見直すのか、中止するのか……。残り半期の情勢を加味して、この時期に全施策につき検証していきます。選択と集中、優先順位を再度明確にし、効率良く実践していきましょう。

●リスク管理体制の見直し

消防訓練の成果も鑑みて、全社のリスク管理について、その予防、起こった時の対応方法について見直します。理想はあるものの、自社の組織や経営体力も加味して、実効性のある体制を構築します。一度にすべて完備しようとはせず、年度計画を立て、着実にレベルアップさせていくことです。

11月

11月は、そろそろ年末の仕事納め、年始の業務を見据えて動き出す必要があります。慌ただしい時期が始まる前に、しっかりと準備をしておきましょう。

標準的な業務

・内定者入社前教育の実施
・社内消防設備点検（専門業者による法定点検）
・放火対策
・年賀状発送準備（文面、発送先の確定、年賀葉書の手配）
・名入りカレンダー、手帳の配布準備（配布先確定）
・歳暮の発送準備（発送物の手配、発送先の確定、発送手段の検討）
・スペース利用度調査（レイアウト変更データ）
・レイアウト諸基準の見直し（次回レイアウト変更の準備）
・取締役会開催と議事録作成

業務のポイント

●放火対策

放火は、おびき寄せてしまう災害と言われます。階段の踊り場や倉庫等の死角に可燃物を放置しておいたり、未使用の倉庫を施錠せずに開放しておくと狙われます。そのような場所をなくすと共に、社員による不定期の巡回や、不審者の侵入を防ぐ体制を敷くことによる予防策を実践しておきましょう。

●レイアウト基準の改訂

年度末には、大きな定期人事異動が発生します。その際、付け焼刃手的なレイアウト変更は行わずに、事前にゾーニング、レイアウト、ワークステーション、什器等の各基準を設定し、それに基づきオフィスを設計します。その結果、レイアウト変更を繰り返したとしても統一感のある整然としたオフィスが可能となります。

12月

12月は、そろそろ来年度のことを考え始める時期です。年初に立てた計画の進捗も確認しつつ、来季の取り組みについてイメージし始めると良いでしょう。

標準的な業務

- 年末年始休暇の社内体制の確立と対外広報
- 年末年始の飾り付け
- 年末挨拶（官公庁、取引先）
- 大掃除、文書整理と廃棄
- ファイリングの徹底（スペース有効利用）
- 年賀状の発送
- 年始挨拶用物の手配（名入れ封筒、年賀茶の手配）
- 歳暮の発送
- 名入りカレンダー、手帳の配布
- 建物施設点検と補修工事の手配
- 取締役会開催と議事録作成

業務のポイント

●ファイリングの徹底

必要な書類が必要な時、即座に取り出せる体制がファイリングです。探す手間を省き、必要書類のみ保管、保存することにより、省スペースにも貢献します。それには、廃棄作業が重要であり、法定保存文書を明確にして、それ以外は過去のしがらみを考慮せずに廃棄していくことがポイントです。

●建物施設点検と補修工事の手配

大掃除とともに、建物施設、設備の点検を行います。壁や躯体の崩壊、カーペットの剥がれ等、目に付くところはすべてピックアップしておきます。補修に係る費用の見積を入手しておいて、今期の利益との兼ね合いで、実施する項目を優先順位を決めて選定しておき、すぐにでも実施できる準備をしておきます。

1月

1月は年始め。新年度の準備に向けていろいろと慌ただしい時期です。落ち着いて漏れのないように仕事の納期管理をしていきましょう。

標準的な業務

・年始客の対応
・年始挨拶周り(官公庁、取引先)
・年賀状の返礼
・新年祝賀式
・賀詞交換会(関連会社間)
・昇給、昇格人事考課
・新年時入社案内の作成
・本年度予算と実績の差異分析(最終着地点)
・総務部管轄予算作成開始(本年度分析と連動)
・OA機器体制の適正チェック(コピー、FAX、プリンター)
・取締役会開催と議事録作成

業務のポイント

●本年度予算と実績の差異分析

今期残り3カ月のところで、最後の予算検証を行います。今期数字の最終着地点を想定し、利益を鑑み、どこまで予算を消化するか検討します。そのために、今期に費用計上できる項目を、優先順位を付けてピックアップしておき、いつでもオーダーできる準備をしておきます。

●OA機器体制の適正チェック

来期のOA機器(コピー、FAX、プリンター)の配備体制を検討するために、各機器の使用状態や使用上の不具合を把握しておきます。カウンター数値や送信レポートに基づき、メーカーの協力を得ながら分析します。該当部署へのヒアリングも実施し、課題を明確にしておきます。

2月

2月は、今期残すところあと2カ月の土壇場。この時期は来年の予算編成の時期でもあります。今期の最終着地点を予測しながら来期計画を立てていきましょう。

標準的な業務

・総務部管轄新年度予算作成
・新年度経費削減策の検討（新年度予算作成データ）
・継続取引の価格交渉開始（経費削減の一環）
・株主総会準備開始
（プロジェクトチーム立ち上げ、基本方針の策定）
・新年度経営計画作成開始
・新年度組織の検討開始（新年度経営計画と連動）
・新年度人事異動検討開始（新年度組織と連動）
・新入社員配属検討開始（新年度組織と連動）
・社内規程の見直し（実態との整合）
・取締役会開催と議事録作成

業務のポイント

●新年度経費削減策の検討

今期実施した経費削減施策の評価を行い、継続施策とするもの、施策を改善するならその改善策の検討をします。新たな施策も研究する必要があり、サプライヤーからの情報収集、提案を受け、新年度施策としてまとめていきます。発生する経費は、すべてゼロベースで考え、必要性を明確にして検討していくべきです。

●継続取引の価格交渉開始

コピーのカウンター料金や、文房具、消耗品購入等の継続的取引の価格について、仕切り直しをする。新年度からの価格を少しでも下げられないか、毎年この時期に見直します。同業からの相見積をとり、毎年価格の更改をしていく、厳しい企業との認識を与え、取引の上に緊張感を醸し出すことが重要です。

3月

3月は、年度末の企業が多いかと思います。今年度の業務目標の達成度合いを把握して、来期にどのようにつなげるか確認していきましょう。

標準的な業務

- 決算準備(請求書の早期回収)
- 保有資産のチェック(減価償却費算出データ)
- 貯蔵品の棚卸(決算調整業務)
- 新年度経営方針発表会
- 新年度組織改正の発表と諸手続き
(名刺、社内印刷物、社内規程、会社案内等の内容変更)
- レイアウト変更(新組織に基づく)
- 入社式の準備
- 新入社員配属諸手続(名刺、文房具類の手配)
- 定期人事異動諸手続(名刺の手配、レイアウト変更、座席の確保)
- 取締役会開催と議事録作成

業務のポイント

●保有資産のチェック

減価償却費算出のために資産のチェックは必要となりますが、それ以外にも、利用調査や不具合調査なども同時に行い、適切な維持管理による有効活用を目指します。不用な遊休資産は早期に廃棄し、すべての資産がフルに活用されている状態を目指すべきです。この時期に実施するレイアウト変更にも活用できるようにします。

●レイアウト変更

毎年、大規模なレイアウト変更がこの時期に発生します。組織が確定しないと、なかなか実作業に入れず、突貫作業になりがちです。それを避けるためにも、事前に、調査、レイアウト等の各種基準作り、価格交渉、ゾーニング等は行っておき、あとはレイアウト図面の作成を残すのみとしておきます。

Column1

望ましい総務のイメージって？

実際に総務部で仕事をしている方々は、望ましい総務のイメージをどのように考えているのでしょうか。『月刊総務』で2010年に行った全国総務部門アンケートの結果で見てみると、次のように考えているという結果が出ています。

①縁の下の力持ち
②社内の各種調整役
③従業員の安全と安心を守る
④社内コミュニケーションのパイプ役
⑤事務作業のプロ
⑥企業の社会への窓口
⑦会社の内部を統制する
⑧社内のよろず相談役
⑨機密情報の管理者
⑩企業組織を強くする

ランキング結果を見てみると、総務部自身としては、「縁の下の力持ち」的な、どちらかと言うと、「守りの総務」といった傾向が強いように思います。確かに、「攻めの総務」と言われても、何を攻めていけばいいのかイメージがつかめない方も多いことでしょう。まずは目の前の仕事を一生懸命行い、現場が本業に専念できるサポートをする「縁の下の力持ち」が望ましいとして考えているのです。もちろん、「攻めの総務」の方が単純に優れているというわけではありません。「守りの総務」ができていない状態で、「攻めの総務」はあり得ません。リスク管理やコンプライアンスなどがしっかりとされている、次の段階として「攻めの総務」が実現するのです。

Part 2

総務に必要な視点とは

でも
そもそも
総務が成長
するためには
何が必要
なんですか？
そりゃあ
まずは
「人」
でしょうね

Part1では、総務のあり方と総務の可能性を見てきました。
経営と現場の中間に位置する総務、社外と社内の中間に位置する総務、
そして他の部門の担当外を担当する総務。
これらの立ち位置を最大限に活かし、
会社に貢献する総務となるためにはどうしたらいいのでしょうか。
Part2では、頼られ、期待され、そして「売れる総務」となるための大切な要素、
心の持ちようを見ていきましょう。
また、これから目指すべき「戦略総務」の考え方も紹介していきます。

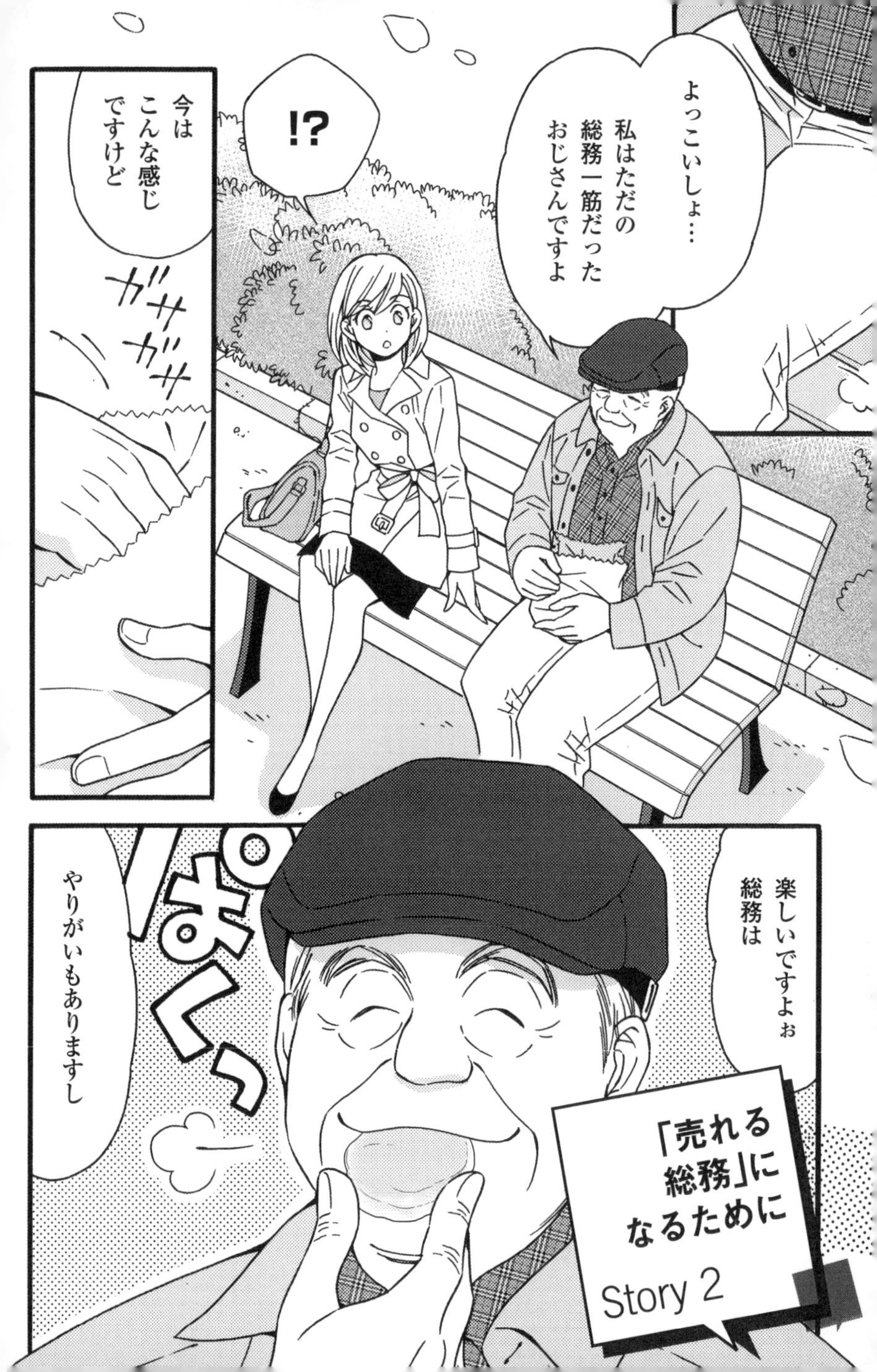
よっこいしょ…
私はただの総務一筋だったおじさんですよ
!?
今はこんな感じですけど
ガサガサ
楽しいですよぉ総務は
ぱくっ
やりがいもありますし
「売れる総務」になるために
Story 2

会社で事務を すべて担当する総務は 「何でも屋」と 呼ばれたりもしますが
それはつまり 「何でもできる」 社員になれると いうことです
地震が 起きました——
OK!
成長すれば するだけ いろんな仕事が できるように なります
……
でも そもそも 総務が成長 するためには 何が必要 なんですか?
そりゃあ
まずは 「人」 でしょうね

いろんな部署に行けるメリットを活かして
どうぞ
おっ ありがとう！
社内から人脈を作るんです
多くの社員を知り多くの社員に知られること
部署間の「つなぎ役」にもなれますし
相談を受けたりもします
かなりまいってる……!?

ウチの部の新人なんだけどいつも暗い顔しててね……
大きな仕事をひとりで抱え込んでるみたい
総務の方からうまく上に報告してくれない？
頼まれた仕事や相談に早く対応すれば
数日後
部長に報告してくれたんだね！
おかげですぐに先輩がフォローに入ったのよ
放っておいたら会社にとってかなりの損失になったかも
「信頼関係」が生まれます

さすが
元「営業のエース」
すぐに結果を出すねぇ
いいやぁ
よかったです
早めに解決して
でもショック
だったでしょ
営業から
総務だなんて
最初は正直
そう思いました
でも…
人形焼好きな
おじさんに
総務のこと
いろいろ教えて
もらったんです

これがいいかな…
そのアドバイスを活かして前向きに働いてみたら
贈答用
お中元・お歳暮
This is My Building——
自分が経営者になったような気持ちで仕事できるようになったんです
経営者になったような気持ち…!?
はい!

そもそも社長の意向で総務になったわけですし
経営者の意向をくみ取りながら会社全体を支えて
会社を進むべき方向に進ませるのが総務の仕事だそうですから
高いモチベーションを持って取り組めば

「責任感」や「改善意欲」も強まり
責任感
改善意識
自分なりの「経営概念」や「会社のあるべき姿」までイメージできるようになるんです！
「会社の代弁者」だという自信とホコリが持てれば
この避難訓練は…「会社のため」にやるべきなんですっ！
避難訓練
現場とも胸を張ってケンカができますし

「売れる総務」にもなれます
売れる総務？
「売れる総務」とは…
会社のためにやるべきだと思ったイベントや改革について「社内営業」して
社内で通して実現できる総務のこと！

総務
私
そんな総務に
なりたいんです
そんな
総務部に
したいんです！
誰に
そそのかされたか
知らないけど
カタ
カタ
……！
総務の仕事って
増えたら
なかなか
減らないよ？
森野　巧（36）
総務部員
私 子どももいるし…
残業したくない派
なのよねぇ
カシャッ
入野　まさみ（40）
総務部員

し 仕事なら私が率先してやります!
だからせめて総務部みんなでポジティブに
めんどくさいよぉ
!
うちらが張り切ったらほかの部署に面倒掛けるし
やる気なんて長く続かないから
言われたことだけやればいいって
ふあ～～
竹本　佑一(45)
総務部長

でも私…
総務に来たことをチャンスにしたいんです!!
!?
我が社に30年ほど前「伝説の総務」がいたそうですし
私も今回の異動をチャンスにして成長したいんですっ
伝説の総務…
……

その話
聞いたことあるけど
会長の作り話じゃないの？
総務にやる気を
出させるための…
経営者が
そんなウソを
つくはず
ありませんっ！
総務部の力を
結集させて総務業務を
「進化」させませんか？
総務が変われば
会社も変わるはず
なんですっ！

総務業務には3つのステージがあるそうです
そのひとつめが
決められたことを決められた通りに行う
オペレーション総務
・入退館チェック
・稟議書受付
・名刺発注
・押印申請受付
など
総務はそのそれぞれを「点」として捉え対応します
紙を補充しなきゃ
でも総務は急に起こったり
急に変化したことにも対応しなければなりません

管理総務は「点」として存在する

車両関連	福利厚生業務	情報通信関連業務
放送設備維持管理	寮関連業務	ビル保全関係
ホームページ運用	清掃・廃棄物管理	安全衛生・防災関係
購入代行	部門依頼工事対応業務	環境関連業務
貸出備品管理	引越対応業務	設備管理
情報発信・管理	什器手配業務	官庁対応
会議体運営	レイアウト・スペース管理業務	
食堂運営管理	工事全般管理業務	
自動販売機運営管理	ネットワーク関連業務	

オペレーション総務が
複数集まった流れとして

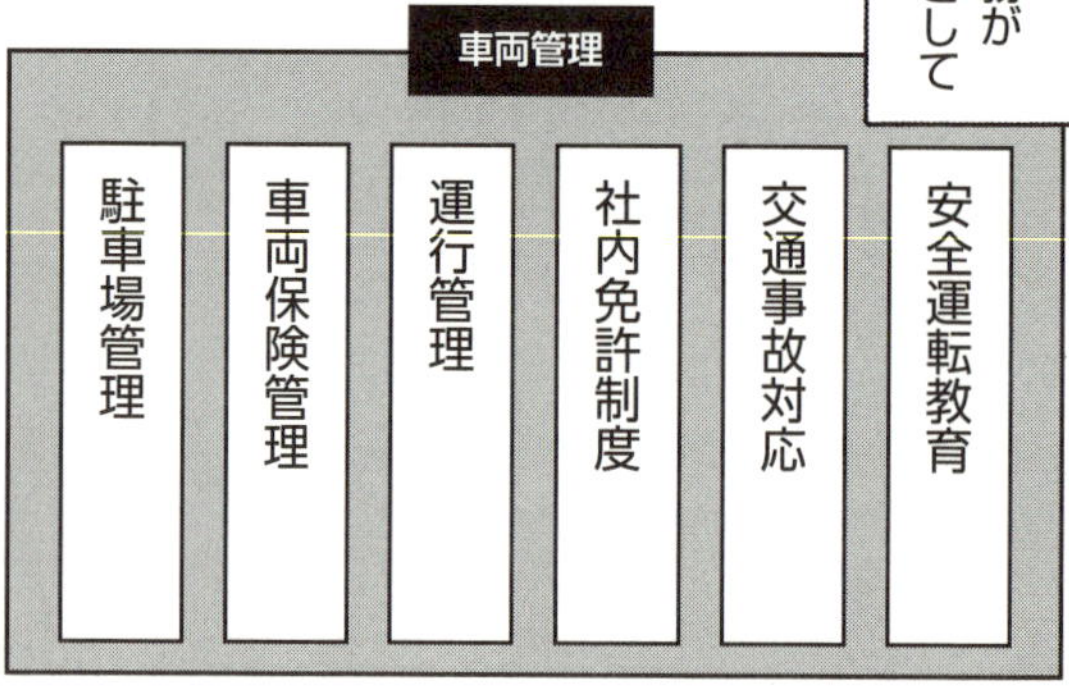

つまり「線」で捉えて
対応しなければなりません

常に状況を把握しておいて
水道料金が急に増えた！
変化を察知し
水漏れです
やっぱり…！
その変化に素早く対応する
それが管理総務とオペレーション総務の違うところです
でも…そんなこと言われなくてもやってるよ？
そうよやるべき仕事だってわかってるし

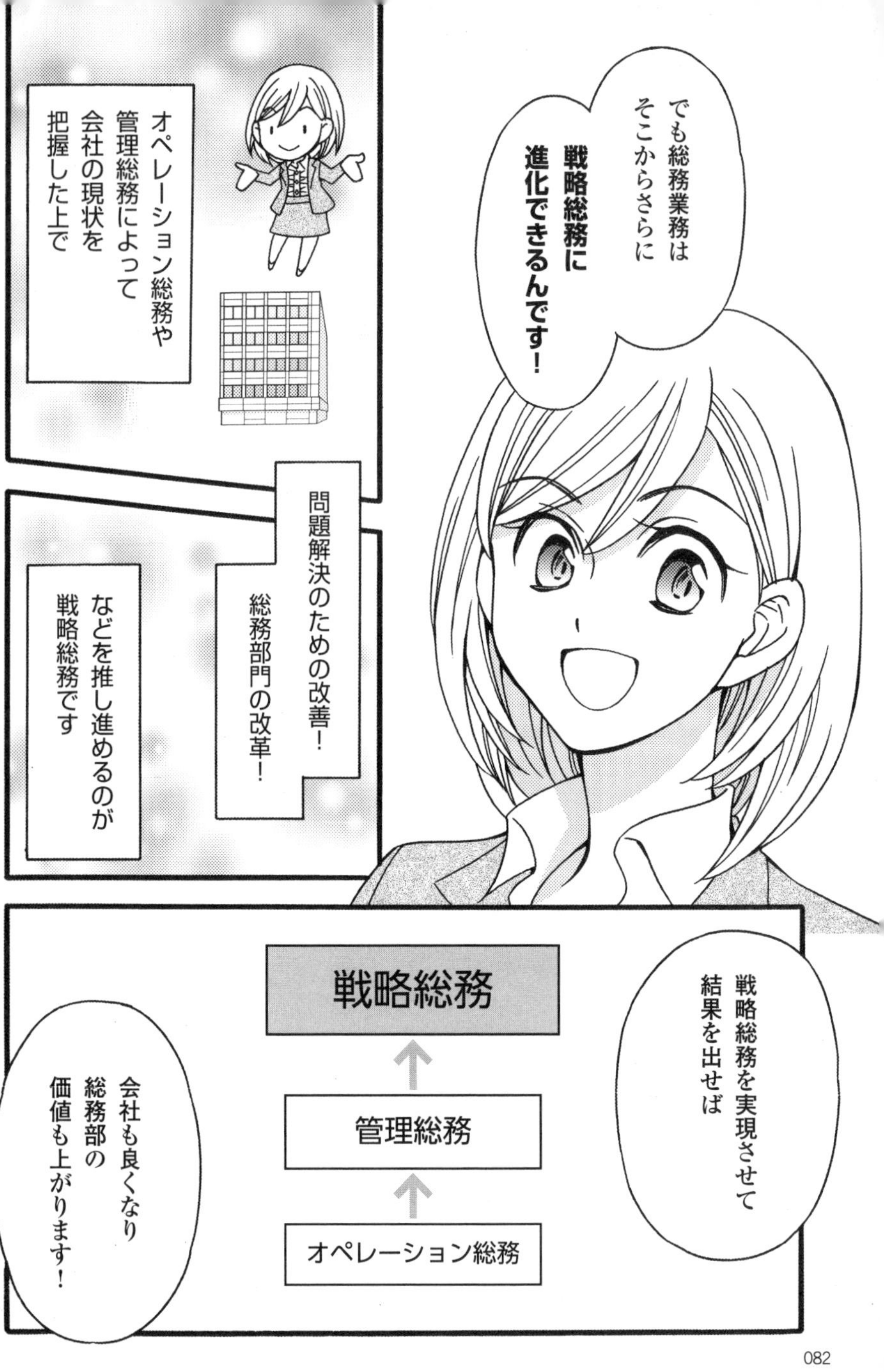
でも総務業務は
そこからさらに
戦略総務に
進化できるんです！
オペレーション総務や
管理総務によって
会社の現状を
把握した上で
問題解決のための改善！
総務部門の改革！
などを推し進めるのが
戦略総務です
戦略総務を実現させて
結果を出せば
戦略総務
管理総務
オペレーション総務
会社も良くなり
総務部の
価値も上がります！

私 カペラが… この会社が好きで 入社したんです
ぎゅっ…
もっと会社に 貢献したい… もっと挑戦 したいんですっ！
私に総務… 全力以上で やらせて ください！
……

01

成功する総務パーソンに必要な3要素

成功する総務とは、会社に貢献する総務のことです。決して総務ありきではありません。会社があって、組織があって、そこで働く人がいて、初めて総務は存在します。常に会社への貢献を目指して仕事をするべきなのです。常に会社への貢献の実現のために施策を考えるべきなのです。

しかし、一足飛びに会社への貢献を実現することは難しいでしょう。特に、従来型の総務、言われたことだけを粛々とこなす総務では、会社を動かすような貢献は不可能です。会社を動かすような貢献を実現するためにはどうしたら良いのか。まずは、私の総務経験から得た、成功する総務パーソンに必要な3要素について紹介しましょう。

●①良好な人間関係の構築～小さなことほど先にやる～

私の最初の総務経験は、株式会社リクルートに入社して5年目のことです。新卒で入社して経理、営業、経理、営業、そして総務へと配属となりました。それまでに経理を2年ほど経験していたので、スタッフ部門としての心がまえは持っていました。社内のサービスタッフとしての心がまえです。経理の時は、ちょうどバブル全盛時、業績も急拡大の時期でしたから、とにかく処理する伝票の枚数が膨大でした。調べてみると、全社で最も伝票枚数を多く処理していたのが私でした。

枚数の多さもさることながら、締日までにどれだけその膨大な枚数の伝票をかき集めるかが勝負でした。経費精算の伝票、支払依頼書の伝票、最も厄介だったのが、制作に関する納品支払伝票でした。忙しい制作マンが伝票を起票して提出してくれないと、こちらでは処理できません。伝票の回収のため、近隣のビルには駆け込み、回収していきます。その際に気を付けたのが、相手に「嫌われないこと」。良好な人間関係を構築することでした。相手の状況も理解しつつ、その上で、こちらの要求も伝え、対応してもらうのですから、入社2年目に営業を経験し、3年目に経理に戻った時は、相手の状況が手に取るようにわかったので、大変良好な人間関係が構築できました。相手への理解と共感が持てたからです。

その経験をもとに、総務においても、常に相手の状況を把握することに努めました。極力現場に足を運び、現場の状況を把握するとともに、積極的にコミュニケーションを図りました。

それとともに、特に意識していたことは、「小さなことほど先にやる、対応する」という心がまえです。

「小さなこと」、つまり、現場から寄せられる、すぐに対応できるような小さい依頼事への対応を最優先で行う、ということです。例えじっくりと稟議書を書いている時であっても、あるいは、大きなプロジェクトの進捗を確認していようと、小さい依頼事項を最優先で対応していきました。「小さい依頼事」は、依頼をする方も、すぐに対応してほしいとは思っていないケースも多くあります。もちろん、大至急の小さい依頼事項もあります。しかし、普通は、「まあ手の空いた時に対応してくれればいいよ」、そのように考えているケースも多いものです。そのような時に、迅速に対応すると、依頼した側は、かなり驚くことが多いものです。「えっ⁉　もう対応してくれたの！　ありがとう。悪いねぇ、忙しいのに」、そのような言葉をもらうことが多かったものです。依頼側は、即座の対応は期待していないことが多く、その期待に反して、すばやく対応することは、驚きを与えるのです。いい意味で期待を裏切るのです。

考え方としては、相手に「貸し」を作る、そのようなイメージです。そんなに期待していないことを、いい意味で期待を裏切る対応をすることで、相手の心境にこちらへの「貸し」を作るのです。そして、こちらからの現場に対する、「大きな依頼」事項をお願いする時に、その「貸し」を取り崩すのです。現場への「貸し」が大きければ大きいほど、こちらの「大きな依頼」事項はお願いしやすくなり、対応してもらいやすくなります。目指していたのは、「おまえには負けたよ！」という言葉をもらうことでした。「本当にいつも良くやってくれる。あなたには頭が上がらない」そんな意味でしょうか。

結局、総務を始めとする管理部門の仕事は、現場への依頼事項が中心です。現場に理解してもらい、手間がかかることであっても、快く対応してもらえる、そんな人間関係がないと、こちらが意図したことは対応してもらえず、結果として、会社を動かすような大きな施策は実現できません。

さらに言えば、その良好な人間関係も、各部門のインフルエンサーと呼ばれる影響力のある人と構築できると、さらに効果的です。仕事がやりやすくなります。キーマンと呼ばれる人たちは、私の経験では、部付の庶務さん、つまり庶務担当たちでした。強面の営業部長も部付の庶務さんには頭が上がらない、というケースが多かったものです。ですから、庶務さんからの依頼は、いの一番で対応したものです。そして、良好な関係が構築できた庶務さんを通じて依頼することにより、その部はうまく対応してもらうことができました。

このように、総務は社内の人間関係が良好でないと、上手に仕事を進めることが難しくなります。成功する総務パーソンの第一の要素は、社内の良好な人間関係の構築です。それもインフルエンサーとの関係であり、それを構築するには、常に相手の期待を上回るパフォーマンスをすることです。先の事例は納期の面での期待を裏切ることでした。それは、納期だけではありません。プラスアルファの仕事をすることで期待を裏切ることもできます。相手の依頼の本質を見抜き、ただ形式だけ適合していればＯＫとするのではなく、さらに何かプラスできないかを常に考え対応することは、総務にとって大切な心がまえです。

●②知識の引き出しを増やす～知っている人を知っていれば事足りる～

リクルートのころの私の内線番号は、忘れもしない「５４５４」。確か、受付担当の間では、社内でわからないことがあったら「５４５４」に電話を掛ける、そのような内規があったかと思います。ですから、さまざまな問い合わせ、質問が私の電話に飛び込んできました。総務としていろいろと知識や情報を持っていたとしても、すべてに対応できるものではありません。自ら勉強するのはもちろんのこと、その対応のために努力したのは、社外のブレーン・ネットワークの構築です。私自身が総務担当だったころ意識していたのは、売込の営業が訪ねてきた時は、「あなたの商材をすべて教えてほしい。あなたの会社ではどのような情報を持っているか教えてほしい」、そのような質問を投げ掛け、その営業が所属している会社がどのような強みを持っているのかを判別することでした。

自らがすべての知識や情報を持つことは、実際不可能です。しかし、ある分野のことを知っている外部のブレーンの存在を知っていれば、そこに問い合わせをすることで、自らが知らなくても対応をすることは可能となります。そのような意味で、付き合いのある会社、飛び込みの営業であっても、その会社の強み、持っている情報の種類が把握できれば、いざ困ったら、そこに問い合わせをすれば対応できます。そのような外部ブレーンを数多く抱えることで、自らの引き出しも充実したものとなります。困ったら、その引き出しを開けて、対応できるブレーンを探せばいいのです。

総務へは、いつ、どのような問い合わせが来るか読めません。ですから、自らの引き出しは多ければ多いほど良いのです。質も上げなければなりません。ある業界で得た情報は、同業界の営業が来た時には、あるいは呼んで、その裏を取る。その積み重ねにより、関連情報が入手できていき、自らの知識、情報の引き出しも拡充していくのです。

外部ブレーンの引き出しの拡充により、総務への質問や依頼の対応範囲が広がり、自らの知識と情報の引き出しの充実により、対応スピードと精度が向上していくはずです。成功する総務パーソンは、常に社外人脈を増やす努力と、常に勉強する姿勢が欠かせません。

●③モチベーションアップ～自らが進化できる、それを信じること～

Ｐａｒｔ１で、「すべては総務業務の捉え方次第です。やらされ感で行うのではなく、総務に配属されたことをチャンスと捉え、ポジティブに、必ず何かをつかみ取ってやる、という意気込みで総務業務を行えば、必ず成長するはずです。多くの財産を築ける総務業務に、積極的に取り組んでいただきたいと思います」、このように記しました。これが信じ切れるかどうかが成功するか失敗するかの分かれめとなります。

総務で仕事をすればするほど、さまざまな経験が積め、さまざまな知識が得られ、さらに大きな仕事に対応できる――。その好循環を信じて、目の前の仕事に取り組んでいく姿勢です。すべては自分の成長、自分の進化ため。そして、自らが成長し進化することが、会社への貢献につながるのです。総務の仕事は全社に影響を及ぼすことができます。会社を動かすことができるのです。そのエンジンとなるのが、皆さん総務部の方なのです。そして、その皆さんを動かすのは、心の持ちよう、皆さんのモチベーションなのです。このモチベーションが高まらないと、雑務の多い総務では、やらされ感に押しつぶされ、プラスアルファの仕事を目指そうとする気概が生まれません。

総務で仕事をすればするほど、自らが進化し、結果、会社の発展に結び付く……。大げさかもしれませんが、そのようなモチベーションを持ちつつ仕事をすることが大切なのではないでしょうか。

02

総務に必須のコミュニケーション原則

先に、総務の仕事は良好な人間関係が必要とお伝えしました。また、総務の仕事は現場に依頼することが多いとも記しました。この良好な人間関係と現場への依頼のベースとなるのが現場とのコミュニケーションです。現場との良好なコミュニケーションが取られ、こちらの意図を組んでもらい対応してもらう、そのためには、どのような点を意識していけば良いのかについて、次に紹介していきましょう。

この大事なコミュニケーションについて、かのドラッカーが４つの原則を記しています。「コミュニケーションとは要求である、期待である、知覚である。そしてコミュニケーションとは情報ではない」。この４つの原則に基づき紹介していきます。

●①コミュニケーションは要求である

コミュニケーションを取ろうとする者、メッセージを発信する者は、ある要求があるからコミュニケーションをするのである、ということです。それは、ある事柄を知ってほしい、理解してほしい、その真意に共感して、同じように行動してほしい、そのような思い、要求があるのだ、ということです。そのような思いが強ければ強いほどメッセージ性が高まります。逆に、何かを伝えたいという思いが明確になっていないメッセージは伝わらない、ということです。

総務では現場に対して依頼事項が多いものです。新しく規程を作成したので読んでほしい、コンプライアンスの研修があるので参加してほしい、ごみの分別を徹底してほしい、等々。さまざまな依頼事項が仕事の中心です。その依頼事項をどのように伝えれば良いかを考えることは大切なことです。というのも、「コミュニケーションは受け手により成立する」という真実があるからです。

いくら総務が「伝えた」、「通達を流した」と言っても、現場の社員がその内容を理解してくれなければ、総務の「伝える」という努力は水の泡です。相手が「わからない」と言ってしまえば、総務の努力は水の泡となるのです。コミュニケーションは相手に主導権があるのです。

「コミュニケーションは要求である」、その要求をしっかりとコミュニケーションするには、相手のことを知る必要があります。「読後感」という言葉があります。そのメッセージを受けた者が、どのような感じを持つか、どのようになるかを考えることを意味します。要求がまさしく、その読後感のことになります。どうなってほしいから、何を、どのように伝えれば良いかを考えること。それを読後感の設定と言います。メッセージの発信者、コミュニケーションを取ろうとする者は常にこの読後感を意識してメッセージを発信すべきです。

そのために必要となるのが、相手の状況の把握です。現場の社員が、今、何を考えて仕事をしているのか、どのような不安や課題を抱えているのか。あるいは、興味関心事は何なのか、どのようなことを知りたがっているのか。そのような相手の状況の把握が必要となります。それが次の原則です。

●②コミュニケーションは期待である

コミュニケーションの受け手は自分の関心事には耳を傾けますが、それから外れるものは聞いているようで聞いていない、ということです。人は聞きたいことしか聞かないし、見たいものしか見ない、というわけです。自分の意に反する事柄は、なかなか聞いてくれないものです。

コミュニケーションを取ろうとする相手を定めたのであれば、そのターゲットの興味、関心事を把握して、伝えたいメッセージをそれにリンクするような加工を施すことが必要です。

往々にして総務の人は机の上だけで仕事をしがちです。その結果、コミュニケーションの相手の興味関心事を考慮に入れずに、自らが言いたいことだけを、ストレートに発信してしまいがちです。料理に例えて言うなら、現場の好みは刺身なのに、同じ素材のマグロをステーキで提供してしまう、そのような感じでしょうか。「刺身で提供してくれれば、喜んで食べたのに、焼いてしまったら、私は食べたくありません」。そのような事態が頻繁においてはいないでしょうか。

そのためには、机の上だけで仕事をするのではなく、積極的に現場に出向き、先ほどお伝えしたように、社員が今、何を考えながら仕事をしているのか、どのような課題や不安を抱えているのかをつかむことが必要です。現場の空気感を把握しに行くことが大切です。空気感をつかむと、自ずと見えてくるのは、総務と現場との「違い」です。それは意識の違いであったり、全体最適で考えるか、個別最適で考えるか、という視点の違いもあります。日々触れている情報の質と量の違いもあります。それが次の原則です。

●③コミュニケーションは知覚である

コミュニケーションを取ろうとする者とその受け手の間には、大きな違いがあることを認識しなさい、ということです。ドラッカーは、「ロシア語がわからない人に、ロシア語で話しかけませんよね」と語っています。

みなさんが所属している総務部門は本社スタッフ、言わば経営の中枢です。日々高度な情報を、それも大量にシャワーのように浴びているはずです。一方、現場の社員は、日々目の前の仕事に追われ、目の前の仕事を処理するだけの社員も多いことでしょう。総務の皆さんと現場社員の間には、接する情報の量も質も、そして関心事や問題意識に大きな違いがあるのです。この違いを認識せずに、総務目線で発信されたメッセージが、現場社員に理解されるでしょうか。大事なことは、どこまで現場目線に立てるかということ。そのためにも、先に記したように現場に出向き、目線を合わせる努力が大事となります。現場に出向くということは、現場の状況把握とともに、コミュニケーションすることで、意識の違いを肌で感じることなのです。「この表現では伝わらない」、「この内容では理解できない」、そのように気づくことができるようになるためです。

入社してすぐに総務に配属という方もいれば、異動で総務に配属された方もいるでしょう。以前に別の部署の経験があるのであれば、ぜひ、その当時の自分を思い出して、その依頼が果たして理解できるか、行動を起こそうと思えるかを考えてみるべきでしょう。「コミュニケーションは受け手により成立する」という原則を常に意識して、現場とは違いがあるという前提で、依頼方法はその都度考えていきたいものです。会社を取り巻く環境変化もさることながら、社員の意識も変化しているはずです。従来通りの方法ではなく、その都度考える必要があるでしょう。

さらに、ダイバーシティの進展、グローバル化の進展により、さまざまな価値観のメンバーが同一組織内に存在している状況です。この価値観の違いを理解しないと、大きなコミュニケーションギャップを生んでしまいます。再三繰り返しますが、コミュニケーションは相手により成立するという、厳然たる真実があります。こちらが一生懸命コミュニケーションを取ろうと努力したとしても、また、メッセージを発信したとしても、相手が「わからない」と言った瞬間に、こちらの努力は水の泡です。コミュニケーションは相手がすべてを握っていると言っても過言ではありません。相手目線に合わせる、相手の情報リテラシーに合わせる、等々、相手との間には常に違いがあり、それを把握してコミュニケーションを取らなければなりません。

そして、コミュニケーションを取る相手は、当然ながら「人間」です。感情を持った生き物です。この生き物に対して効果的なコミュニケーションは、感情に訴えることです。総務の依頼において「感情」という言葉は不向きかもしれません。必要なことは、感情移入できるような展開、自己投影できるような内容でしょうか。あるいは、発信側の思いを注入することでもあります。それが次の原則です。

●④コミュニケーションは情報ではない

数値や客観的な記述では、コミュニケーションの最終目的である行動には結び付かない。共感や感動を与えられるようなストーリーによりコミュニケーションはなされるべきである、ということです。「コミュニケーションは要求である」の項で記した、知ってほしい、理解してほしい、というレベルであれば、ストーリーがなくても伝わるでしょう。客観的な記述で伝わるでしょう。

しかし、共感してほしいレベルになると、自己投影でき、自分事《ごと》として理解できるような物語性が必要となります。そこに共感し、自らのコトとして「腹落ち」して初めて、次のレベルである行動に結び付きます。

その当事者意識を喚起させるためには、感情移入ができるような、起承転結のあるストーリーとして伝える必要があります。課題があり、どのように苦しみ、それをどのように克服し、どのような効果があったのか。その当事者に、感情の流れも含めて語ってもらう。読者が疑似体験できるようなストーリーとして掲載することで、共感を得てもらい、自らに置き換え、その効果を自分事としてイメージして、初めて行動に結び付く可能性があるわけです。

重要なことは、物語を作ることが目的ではないということです。起承転結があり、自分事として腹落ちしてもらうことが目的です。ですから、総務からの依頼事項を対応することが、コミュニケーションする相手にとって、どのような意味があるのかを示す必要があります。「どうするか」ではなく、「なぜやるのか」、その意味です。その意味の中には、当然ながら、コミュニケーションの相手が関心を持つであろうメリットを明示する必要があります。

なぜ総務が依頼しているのか、その意味は何なのか。社会的状況の変化に対してやらなければならないのか。なぜやるのか、その意味の説明。そして、それをやることで自分にとってどのようなメリットがあるのか、会社や組織に対してのメリット。最後に具体的な行動の指示。現場目線で、現場であればこのように対応できるだろうとの配慮がされた行動指示です。人間は、イメージできないものには説得されない、という心理学的な真実があります。ですから、具体的イメージが持てるような指示が必要です。特に初めてすることは、詳細な行動イメージを明示してあげないと、まったく動きが取れないでしょう。

「なぜやるのか」という意味を明示することで腹落ちしてもらい、「具体的な行動イメージ」により、行動してもらう。そのようなコミュニケーションが必要である、という原則です。

03 成功する総務パーソンは「売れる総務」

●「売れる総務」とは

成功する総務は、会社の業績に貢献できる総務です。会社の業績に貢献できる施策を実施することでそれは実現できます。しかし、その前に必要なのが、会社の業績に貢献できる施策を考え、それを経営に採用してもらうことです。いいアイデアがあったとしても、経営に採用されなければ、結果は出せません。総務が行う施策は全社が絡むものが多いものです。特に、会社を変えるような大きな施策は、それ相応のコストが掛かります。当然、経営の判断、経営の了解がなければ実行できません。ここでは、総務が提案する施策を採用してもらう、提案を買ってもらう、逆に言えば、施策を「売れる総務」であるためには、どうしたら良いのか、その手立てについて紹介しましょう。

●提案する施策の効果を信じ切れるか否か

繰り返しになりますが、総務が提案する施策は、全社が絡むものが多くあります。多くの社員を巻き込み、プラスアルファの仕事をお願いすることもあります。往々にして、改善提案は、その前段で多くの手間が掛かるものがあります。例えば、文書管理システムの導入。仕事で使う書類に検索性を持たせ、データベースに収納する仕組み。あるいは、仕事で使うナレッジをカテゴリーに分類し、誰でもが利用できる仕組み。そのような仕組みを導入するには、その前段で、書類の整理や取捨選択、タグ付けから随時更新の運用決め等々、数多くの課題解決が必要で手間が掛かります。一度導入してしまえば、誰でもが瞬時に必要な書類やナレッジに到達でき、探す手間が省け、大幅な効率化が実現できます。しかし、そのための前段の作業を考えると腰が引けてしまう……。

「実現できれば『素晴らしい世界』が現出する可能性が高いことは想定できる、しかし、その前の煩雑な手間を処理しなければならない。それも、本業がある中で現場にお願いしなくてはならない」さらに、「実際にその『素晴らしい世界』の想定される効果は確実なものなのだろうか」自ら提案する施策の効果を信じ切れないでいる状態があるかもしれません。

提案内容の効果を信じ切れないことには、現場の抵抗にあった時、しり込みしてしまうかもしれません。「経営がやれと言っているから、お願いします」などと逃げを打ってしまうかもしれません。それでは、現場の社員は白けてしまい、対応はするものの納得しない状態なので、その施策は使われることがないまま、いつのまにか死蔵されていきます。

実際、そのようなことが往々にしてあるのではないでしょうか。

総務で提案する場合は、その施策の効果、「素晴らしい世界」の共通認識を現場に持ってもらう必要があります。しかし、初めての施策では、その効果の確証が持てません。外部パートナー、サプライヤーに多くの事例を提供してもらい、確証を得て提案するということもあるでしょう。確証を得ようとするなら、総務自身が実際に使ってみることです。あるいは、協力してくれる部門を見つけ、プロトタイプとして試験導入してみるという方法があります。

こんな事例があります。あるメーカーでごみの分別を全社で導入しようとしたケースです。燃えるごみと燃えないごみの2種類の分別を、さらに細かく分別する取り組みです。おおよそこの手の施策は、現場から「面倒だ。手間が掛かる。それをやってどうなるの?」等々、いろいろと反発が予想されます。この企業では、実験的にまず総務だけで導入してみました。すると、数カ月やってみて、結果として、「ごみの排出量が減った」「分別廃棄をすることで環境配慮をする意識がついた」「何よりも楽しかった」……そのような意見が出たそうです。そして、その結果を壁新聞で公表していきました。それに気づいた隣の人事部から、「自部門でも採用したい、一緒にやらせてほしい」との申し出があり、あれよあれよと言う間に、そのフロアに居る全部署での導入が始まりました。その次には問題意識の高い営業部門が、開発部が手を挙げ、そのようにして徐々に広まっていき、晴れて全部門に導入することに総務として決定していきました。

実際に効果が出ていますから、その現場を見せることで説得力は増します。いきなり全部門で導入しようとしていたら、反発を食らっていたかもしれませんが、このように徐々に広げて、その効果が見えてきたら全社導入、このような手法もあるのです。

先に記した、文書管理システムについて、ある企業では、ある営業部門がビル移転をする機会に、試験的にそこでだけ導入してみました。そこで実感できた効果や経験を基に、全社に導入したそうです。ここでも、一度経験しているので、全社への告知には説得力のある内容で告知できたそうです。

成功する総務パーソンとしては、無理やり全社導入するのではなく、できる範囲で実験してみて、自らその効果を信じ切れる状態になって、全社に導入、あるいは、本格的に経営に提案していくことも大事ではないでしょうか。

経営の力を使えば、強制的に全社に導入することはできます。しかし、会社の業績貢献には、その施策を現場社員が納得して、嬉々として使ってもらわなければ、その効果が表れません。説得力を付けるために、まずは自ら試してみることが必要でしょう。

●全体最適の視点で現場とケンカができる

先にも記しましたが、新たな施策に対しては、現場は反発するものです。そもそも人間は変化を嫌う生き物です。従来通りにやっていた方が安心ですし、何より手間が掛かりません。新たな施策においては、それを理解する手間、新たな対応方法を身に付けなければならない手間、その前後のプロセスも対応を余儀なくされる手間、等々、さまざまなストレスに見舞われます。結果、新たなことに対しては反発して、導入を阻止しようとする力が働くのです。

そこで、その現場の反発を阻止するために説得力を持つ、とは先に記した通りです。その上で必要なのが、どこを向いて仕事をしているかという点です。その施策は何のために導入しようとしているか、という点です。総務の仕事が楽になるだけ、そのような視点で導入されるものについて、皆さんが現場の社員であったら、どのように感じるでしょうか？　進んで協力しようとするでしょうか？　一方、現場の社員の仕事が効率的になるのだ、という目的のためであればどうでしょうか？　これであれば、理解はしてくれるでしょう。多少の手間があっても、理解されるはずです。しかし、それが、あまりにもコストが掛かるものであったら、経営としてはどうでしょうか？　費用対コストをシビアに見る経営であれば、社員のためだけという視点は通用しないでしょう。企業は継続していかなければなりません。経営としては業績拡大が見込まれる投資という視点であれば、導入に踏み切ってもらえるでしょう。

施策には、いくつかのパターンがあります。

・総務が楽になる施策……A
・現場が助かる施策……B
・経営が喜ぶ施策……C

このように捉えた時に、会社に貢献するには、経営が喜ぶ施策という視点が常に必要となります。つまり、望ましい施策は、（Cであり、Bであり、Aである）、（Cであり、Bである）、（Cであり、Aである）、（Cである）この施策です。常にCが必要となります。なぜなら、会社への貢献を果たすことが必要だからです。（Bであり、Aである）、（Bである）、（Aである）施策は、経営の視点でいくとあり得ないのです。

この時、（Cであり、Aである）施策と、（Cである）施策が厄介なのです。現場が助かるという効果がない施策、それでも経営としては導入したい施策を総務が主導で導入する場合です。現場には手間だけが掛かり、現場での効果はあまり見られない施策です。この施策の場合に現場から反発が予想されます。先に記した、「経営がやれと言っているから、お願いします」という施策です。このような施策をそのようなコメントで言うのではなく、経営がやれと言っている意味、なぜ経営が指示しているのか、その意味を正確に理解し、それを現場に伝えなければなりません。経営が判断したということは、会社への業績貢献のためであり、そのために導入するのだ、「経営がやれと言った」ではなく、「会社のため、ひいてはそれは社員のためである」、その確信のもと、現場と「ケンカ」をするのです。

とかく総務は声の大きい現場に押され気味です。「面倒だ。時間がない」、そのような反発を受けると、「そうですよね。無理にとは言いませんから」、そのように主張を引っ込めてしまうことがあるかもしれません。しかし、経営の判断があり、場合によっては、経営の了承がないけれど、会社の業績貢献のためという信念があれば、現場と対等に議論ができるはずです。総務の主張をひっ込めることなく、現場に納得してもらうことができるはずです。なぜなら、会社の業績貢献のための施策なのですから。現場も会社の業績貢献のために日々働いているのです。それと同じマインド、それと同じベクトルで主張していくべきなのです。「ケンカ」と言いましたが、感情的なケンカという意味ではありません。正々堂々と総務の主張をしていくという意味でのケンカです。常に会社への業績貢献という視点で、会社全体のための全体最適という視点で総務が主張していければ、理解が得られるのではないでしょうか。

●目指すべきは「売れる総務」

提案する施策の効果を信じ切る、そして、現場といい意味でのケンカができることの目的は、総務が提案する施策を採用してもらうことです。総務が提案することを買ってもらうためです。総務が目指すべきは、自らが提案することを経営に「売れる総務」となることです。売れなければ施策を実行できませんし、成果を上げることができません。会社を変えることもできません。「売れる総務」を目指していくべきなのです。

04

これからの総務は「戦略総務」

では「売れる総務」において、どのようなスタンスで売れる施策を実践していけば良いのでしょうか。それがよく言われるところの守りから攻め、管理総務から戦略総務への進化です。

では具体的に戦略総務とはどのようなスタンス、考え方で実践していくのでしょうか。ソニー株式会社で総務センター長を経験し、現在は一般社団法人ファシリティ・オフィスサービス・コンソーシアム（ＦＯＳＣ）の代表理事でもある小山義朗さんに伺った話をベースに紹介していきましょう。

●オペレーション総務と管理総務

総務業務には３つのステージがあります。オペレーション総務、管理総務、戦略総務です。オペレーション総務とは、約束通りに、決められたことを決められた通りに行う仕事のことです。目の前の仕事を粛々と処理することです。

一方、管理総務とは、もう少し大所高所に立ったマネジメントの意識が必要となります。先のオペレーション業務に加え、変化や異常があった時に、そのまま従来の通りの仕事をするのではなく、変化や異常値を察知し、適正な改善を行うことまでも含みます。例えば水道光熱費の経費管理で説明しますと、エネルギー消費量において季節的変動要因を超える金額や数値の変化があった場合、その原因を追究し改善を図ることです。突然水道料金が増えた場合、どこかの部門で特別に水を多く使った事実があれば、明確な理由がありー過性の異常値です。しかし、原因はわからないものの水が漏れている場合、これを放置していくと垂れ流しという状態になり、水道料金が増大していくだけです。この漏水という事実に気が付いて、水道局にしかるべきデータを示して申請すれば費用が戻ってきます。このように異常値への対応を行うことが管理総務の仕事です。

違う観点でその違いを説明しますと、オペレーション総務が目の前の「点」の仕事の処理であるのに対して、管理総務はその「点」の仕事を流れとして「線」で捉え、その仕事については全体像を把握してマネジメントするイメージです。例えば、車両管理の仕事であれば、損害保険の更新管理や、車両のメンテナンス、社内免許保持者の管理、そのような仕事がオペレーション総務の仕事となります。一部の仕事のみを担当するレベルの仕事です。

管理総務としての仕事は、車両管理全般を見渡してマネジメントすることです。車両管理全般の全体最適を見つつ、その中で改善改革を行っていきます。担当レベルから、リーダークラスの仕事かもしれません。車両管理の目的を理解し、常に改善を目指すことが必要です。オペレーション総務だと、見ている範囲が「点」ですから、その中での改善は限界があります。しかし、管理総務的視点で俯瞰すると、さまざまな改善ができるはずです。

●戦略総務の捉え方

では、戦略総務とはどのような視点で考えれば良いのでしょうか。そもそも戦略とは、ある目的達成のために、保有するリソースの取捨選択を行い、最も効率的な方策を考える、総合的な準備・計画・運用の方策のことです。戦略総務といった場合、会社の業績向上のための総務における総合的な準備・計画・運用の方策のことです。管理総務よりさらに上の次元で総務業務を捉える必要があります。

例えば、先の車両管理。車両管理の上の次元はリスクマネジメントです。それもERM、エンタープライズ　リスクマネジメント、企業全体のリスクマネジメントを考える次元です。すべてのリスクを洗い出し、自社で対応するのか、保険でカバーするのかを、自社のリソースを鑑みながら総合的に判断して対応していくことです。リスクマネジメント

戦略総務の考え方

・**点**……オペレーション総務

車両管理の例　損害保険の更新管理、車両のメンテナンス、社内免許保持者の管理　など

・**線**……管理総務

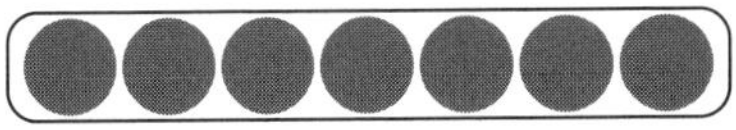

車両管理の例　例えば、社有車や駐車場の管理から社内免許制度の運用や運転を許可された社員の管理、日常の運行管理から安全運転教育の実施、実際に交通事故が発生した時の対応、車両保険の管理などがあります。これらの一連の業務を線で捉え、すべてを見渡し管理していきます。

・**面**……戦略総務

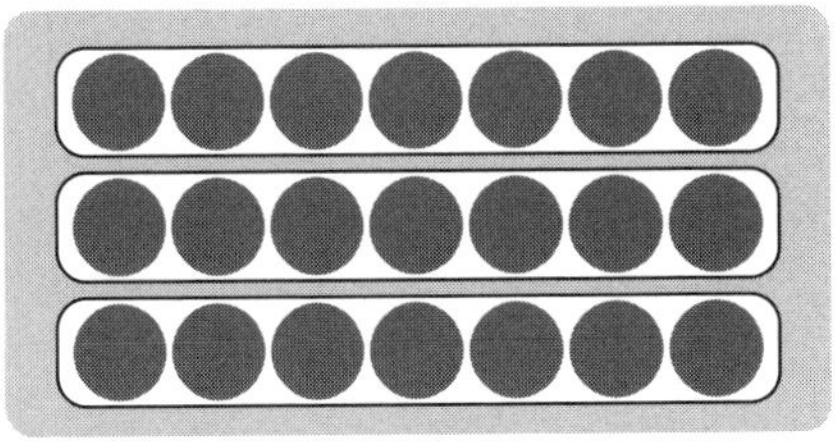

車両管理の例　車両管理とは広い意味でのリスク管理。リスク管理という側面で捉えると、防災管理や情報セキュリティ管理、社員の不祥事対策、欠陥製品の製造等、さまざまなリスク管理項目が存在します。車両管理というリスク管理だけを考えるのではなく、同一カテゴリーであるさまざまなリスクを面で捉え、自社の状況を考慮し、戦略性を持って業務運営していきます。

という「面」で考える手法です。

その他、例えば、福利厚生や社員の健康管理、メンタルヘルス、働く場の環境整備まで含めた健康経営。社内コミュニケーション・メディアの運用や社内イベントの企画実施、オフィスにおける社内コミュニケーション活性化施策などを含めた、トータルでの社内活性化。このように、管理総務的に「線」で捉えていた業務を、さらに同一カテゴリーで括り、その範囲において、リソースの取捨選択、優先順位付けを行い、戦略性を持って企画提案、運営実施していくことが戦略総務としての総務の動きとなるかと思います。

従来通りに惰性で仕事をするのではなく、個々のカテゴリーにおける目的を明確にして、今、最も必要である業務に注力するのです。そのためには、自社の置かれた状況の理解も必要ですし、経営がどこに向かおうとしているのかという理解も必要となります。つまり、経営的視点で総務業務を見直すことが必要となります。

経営には経営戦略が存在します。会社の業績に貢献するとは、その経営戦略に沿った動きが必要となります。従って、会社業績への貢献を目指すのであれば、必然的に総務にも戦略が必要となるわけです。真剣に業績貢献を目指すのであれば、戦略的思考が必要となるのは自明の理ではないでしょうか。

Part 3

総務の重要施策・社内活性化

組織は人なり。
組織の最小構成単位である「人」が、活き活きと楽しく仕事をすることが、
その組織にとっては最も大切なことです。
「活き活きと楽しく」それは組織内のコミュニケーションが
活発にされている状態です。
企業で言うところの、社内コミュニケーションの活性化です。
その実現には総務が大きく関係しています。
このパートでは、社内コミュニケーションに係わる大切な考え方とともに、
総務の大きな役割であるこの課題の具体的な施策について紹介していきます。

戦略総務を行って
総務から会社を変える!
タタッ
タタッ
タタッ
人を動かす!
Story 3
社内活性化プロジェクト……?
■Project Resurgence
社内活性化プロジェクト
横のつながりを強化したいんです!
「マンネリ化」「硬直化」が我が社が停滞しているひとつの原因だと思います!
CAPELLA
■Project Resurgence
社内活性化プロジェクト

同じ文具ばかりを製造・販売してたってカペラは輝けません！
違う部署の人間同士もっと意見を交換した方が
いいアイデアが出るはずです！
例えば商品を「生み出す」開発と
新たなヒット商品だって誕生するかも
商品を「売る」営業がもっとつながれば！
しかし…

どの部署だってヒマじゃないだろ?
わざわざ時間を割いて集まるなんて
苦労しないって…一度話をしたくらいでヒット商品が生まれたら
でっでもっ
まずは社員同士が知り合うことが
つながることが大事なんです!
そうすればいつかいいアイデアが
「いつか」じゃダメなんだよ営業は
俺たち営業はエースが抜けた穴を埋めるのに必死だ
!

社内イベントを増やすなんて
社員にとっては迷惑でしかないんじゃないか？
……！
総務部
総務が張り切ったって面倒なだけだって
でも…
部長の言った通りだろ？
全社一丸とならないとカペラは変われないいんです っ！

違う部署同士は知り合う機会が少ないですが
知り合ったほうが刺激にも励みにもなります
だから総務は社内メディアを発信してネタを提供し知り合うきっかけを作ったり
こんな社員がいるんだ……
カコーン
社内イベントを開催したりして知り合う場を提供したりしていますが

そういった社内活性化のための施策を戦略的に行うだけでも
会社は変わるはずなんですっ！
Project Resurgence
社内活性化プロジェクト
提案者記名
「伝説の総務」さんが活躍した30年前だっていろんなイベントが行われ
多くの社員に読んでもらえるような社内報が発行されていたそうですし
でも…
そんな古い「成功体験」で説得してもなかなか乗ってこないわよ
社員を動かしたいなら何かしらのメリットがないと
……

商品を売るよりも…
人を動かすほうが難しいんですね
かもしれませんねぇ
でも総務部の皆さんは認めてくれたんですよね？
あやのさんが全力以上で総務をやることを
自分たちの手を煩わせないのならって条件付きですが
それでもすごいことですよ

あなたの熱意が
総務部を
動かしたんです
人事部
それに
社内を動き回ったことで
人脈は
作れたんですよね？
受付
でもメリットなしでは
誰も動いてくれません
動いているのは
私だけ
それじゃあ
会社を変えること
なんて……
……

…簡単ですよ動かすのは
？
社員が動いてくれないなら…「社内」を動かせばいいんです
社内を動かす…!?
それができるのが総務なんですから
なるほど…
オフィスと社員食堂のレイアウトを変更したいと
CAPELLA

そうするだけでも
社内は
活性化するはずです！
式会社カペラ創立×周年記念式典
社内イベントは
社員にとっては
非日常ですし
ある意味
強制的に
交流させられます
社内イベントを戦略的に
仕掛けることで
交流したい人同士を
意図的に交わらせることも
できますが
オフィスや
社員食堂を
「交わりやすい」
環境にする
ことで

「日常的」かつ「偶発的」に社員を交流させられるんです！
………
コストはどれくらい掛かりそうですか？
えっ！
そ それは…これからしっかり見積もりますが…
私は会社のために…必要な投資だと思います！

社員が自然と動くように
社内の「動線」を変えて
社員間の交流が深まれば
会社という組織も
活性化し
「血の巡り」が
良くなります！
そうなれば社内から
もっといいアイデアが
もっといい商品が
生まれるはずなんです！
・・・・・・・・
さすが
元「営業のエース」
声が大きいね
カチャッ

社長室の外まで
熱弁が聞こえていたよ
あっ!!
会長…!
オフィスと
社員食堂の改造か
……

本来なら何年も掛けるべきプロジェクトだが数カ月でやりなさい
!?
あの「伝説の総務」ならやれる仕事だ
!!
君はよく似ている…「伝説」を越える総務になれそうだ
……!
そうなってくれたらカペラは…昔以上に輝ける

……!
売れちゃいました
アイデア
やるなら
早く・安くやって
ほしいそうです
そんなの
もう…
ひとりでできる
仕事じゃない
でしょ
高城くん…
社長の肝いりで
総務に来たんでしょ？

そりゃあ通りやすいって
でもそれでも…なかなか通りませんよ熱意と行動力の成果でしょ
!?
やってあげるわよ一緒に…残業はしないけど
!
これだけ大きな仕事だミスったら全体責任となりかねない
総務部みんなでやるしかないでしょう
……

仕方ないかぁ 社長だけじゃなく 会長まで 動いたしなぁ
その代わり コストも時間も ケチりまくろう
!
総務には ほかにも いろいろ仕事が あるからね
は… はい!
経営陣が
総務部《なかま》が 動いてくれた!

会社を変えるため
まずは職場から変える!
皆さんが仕事をしているフロアからオフィスをリニューアルします!
新しいオフィスについてのご意見やご要望は総務部がすべて承ります

皆さん全員にとって働きやすい過ごしやすい場にします！
どんなことでもかまいません…今のうちにおっしゃってください！
頑張ってるねぇ
……
こういったフロア内ミーティングもある意味社内イベントだな
えっ!?
おつかれー
そして「オフィスを望み通りに変えられる」のは
社員《おれたち》にはメリットだろう

うまく動かしたな さすが営業部《おれたち》の元エース
ホントは戻ってきてほしいが 楽しいなら総務でエースになれ
はいっ！ …総務でエースになります！

01 組織の成立要因とコミュニケーション

●組織が成立するための3要素

ひとりだけの企業であれば別ですが、2人以上となると、そこには組織が存在することになります。アメリカ合衆国の電話会社社長で経営学者のチェスター・バーナード（1886年～1961年）は、以下のように組織を定義しています。

「組織とは、意識的に調整された2人またはは、それ以上の人々の活動や諸力のシステム」

そして、この組織が成立するには、次の3項目が必要であると言っています。

①共通目的
②協働意志
③コミュニケーション

共通目的とは、その組織が達成しようとする目的です。協働意志とは、その組織のために貢献しようと思う気持ちであり、貢献意欲と言ってもいいかもしれません。そして、組織構成員同士のコミュニケーションが必要であるとしています。

このコミュニケーションは1と2の2つの成立要因と密接に絡んでいます。共通目的は、組織内のコミュニケーションにより伝達され、共有されていきます。そして、組織の向かうべき方向に、ベクトルが統一されていきます。

協働意志も、組織にどのようなメンバーが存在して、どのように頑張っているかがわかることで生まれてくるものです。同一組織のメンバーが誰ともわからない状態では、人は個別最適に陥り、自分の責任範囲のことしかしないものです。コミュニケーション・メディアやコミュニケーションを促進するインナーのイベントを通じて、相互理解がなされていきます。

このように、組織においてはコミュニケーションがベースとなることがわかります。

●ダイバーシティとグローバル化の進展

アベノミクスにより、国を挙げてのダイバーシティが進行しています。女性活用、高年齢者の雇用促進、そして雇用形態の多様化。さまざまな価値観を持ったメンバーが同一の組織内に存在する事態となっています。

一方、グローバル化を推し進めている企業では、場合によっては、外国籍の社員が日本人よりも多いということもあり得ます。国内におけるダイバーシティにより、メンバーの多様化が進み、グローバル化の進展により、組織内の文化の多様化が進んでいます。

組織である限り、先のバーナードの定義のように、共通目的を目指さなければなりません。さまざまな価値観のメンバーに共感してもらい、行動を起こしてもらうにはどうしたら良いのでしょうか。言葉も違えば文化も違うメンバーに経営理念を浸透させるにはどうしたら良いのでしょうか。

今ほど、コミュニケーションが難しい時代はありません。経済、社会環境の変化が激しく、また、M&Aにより、一瞬のうちに社風が異なる会社にならなければならない事態もあり得ます。俊敏な動きの前提には、組織内のコミュニケーションが活発に、そして確実に行われる必要があります。

●イノベーションを起こすインフォーマル・コミュニケーション

多くの企業では、既存事業以外の新しい事業の芽、イノベーションを起こそうと、さまざまな取り組みが成されています。一般的にイノベーションは、専門の違うメンバー同士から生まれるとされています。普段出会わないメンバー同士、専門や部署が異なるメンバー同士による偶発的な出会いの場で交される何気ない会話の際のインスピレーション。

これがイノベーションの原点だと言われています。

そのため、欧米の企業では、社内のいたるところで、異なる部署のメンバー同士が〝衝突〟するような仕掛けがされています。後程詳しく解説しますが、オフィス・レイアウトでの工夫がイノベーションに効く、そのように言われています。

異なる部署のメンバー同士の衝突は、つまり、具体的には、フェイス・トゥー・フェイスのコミュニケーションをすることです。このコミュニケーションをいかに多く実現するかが、経営の重要な課題ともなっているのです。このような、異なる部署間のコミュニケーションは自然発生的には実現せず、さまざまな意図的な仕掛けを施さないと実現しないのが実態です。

02 誰にどうやって「伝える」のか

●「全員に伝わることはない」という真実

以上のように、ますます社内コミュニケーションが必要とされ、しかし難しくなっていく現在。その大事な社内コミュニケーションについて、すでにＰａｒｔ2でドラッカーが打ち立てた4つの原則を紹介しました。すなわち「コミュニケーションとは要求である、期待である、知覚である。そしてコミュニケーションとは情報ではない」です。ここでは、それらをふまえて、誰に、どうやって伝えるかを考えてみましょう。

社内コミュニケーション担当者の「全員に社内コミュニケーション・メディアを読んでもらいたい」という思い、それはそれで間違ってはいません。会社の経費を使って最大限効果を上げるのが責務ですから、全員に読んでもらわなければなりません。しかし、全員にメッセージが伝わるかというと、それはほとんど不可能です。

確かに「知る」というレベルであれば、普通の日本語で書かれているのであれば伝わるでしょう（読んでくれればという前提ですが）。その上の「理解する」というレベルになると、メッセージを受け取る側が持っている情報量と理解力が問題となります。社内報を制作する広報部目線で書かれてしまうと、現場社員が理解できるかどうか心もとない場合があります。

「共感する」というレベルになるとかなりハードルが上がります。共感にはその人の価値観や人生経験が大きくものを言ってくるからです。その価値観等の理解が発信者側にあれば伝わるメッセージとなるでしょうが、〝丸腰〟で発信して共感に結び付けるのは至難の業です。結果として、共感することにより行動してもらう、そのレベルまでには到達しないというのが実際のところです。

問題となるのは、社員個々人は誰一人として同じ人間はいないという事実です。興味関心、価値観が異なります。職種、業種、状況も異なります。持っている情報量、前提知識が異なります。先に記したように、コミュニケーションは受け手により成立します。ですから、本当に伝えようと思ったら相手の状況に合わせたメッセージの発信が必要となります。誰一人同じ人間がいない社内に向かって同一のメッセージを流したところで、全員に伝わることはほとんど無理ということが理解できるでしょう。

●「インフルエンサーだけに絞る」という方法

一方で、全員に伝えなくても良いという考えもあります。社内コミュニケーション・メディアの目的は読まれることだけではありません。読まれることで社員になんらかの気づきを与え行動に結び付け、会社に動きを作ることです。だとしたら、会社に影響力のある階層、インフルエンサーだけにメッセージを伝え、そこが動くことで全社が動くのであれば、何も全員に読まれなくても社内報の目的には合致します。

今後会社を背負っていくだろう30代のリーダークラス、店頭でバリバリと店を引っ張っている主任クラス、技術開発を仕切っているプロジェクトマネジャーたち。会社にはそれぞれ影響力のある階層が存在するはずです。その社員をメインターゲットとしてメッセージを発信していくこともひとつの方法です。

全員に届くメッセージは存在し得ないという真実と、目的に合致するのであれば特定の階層に絞ってメッセージを発信していくという方法。社内コミュニケーションの要諦としては、メッセージのターゲットを絞り、そのターゲットに合ったメッセージとしていくということになります。

●「いかにターゲットに迫るか」という努力

ターゲットを絞れば絞るほど、メッセージは伝わりやすくなります。なぜなら、最も伝わるコミュニケーションは一対一の会話だからです。ターゲットは1人、その相手に対してだけ伝えようとする究極のコミュニケーションだからです。つまり、社内コミュニケーション・メディアにおいてこの状態にいかに近付けるかがポイントとなります。

全員に読ませようとすると、さまざまな部署の関係性の中で表現がだんだんと丸くなりますが、ターゲットを絞れば絞るほど企画の深掘りが可能となります。ただし、前提としてそのターゲットのことをどれだけ知っているか、ターゲットにどれだけ迫れるかが重要となります。

先に記したように、ターゲットの関心事や大切にしているもの、現在の仕事状況などを知らないことには、「刺さる」メッセージは作成できません。どれだけターゲットのことを知っているか、もっと言えば、社内コミュニケーション担当者はどれだけ自社の社員のことを知っているかが大変重要になってくるのです。

03

社内コミュニケーションを活性化させる4つの方法

●それぞれの施策の効果を把握し連動させる

ここからは、具体的に、どのようにしたら社内コミュニケーションの活性化が実現されるかを考えてみましょう。活性化のためには、社内報の発行、社内イベントの開催、オフィスのレイアウトの変更等々、その施策はいろいろとあります。しかし、それぞれの施策をやみくもに実施しても効果は限定的です。それぞれの施策の効果を把握して、連動させていかなければなりません。社内コミュニケーション活性化を、「お互いを知るきっかけの提供」、「偶発的な出会いの場の仕掛け」、「意図された出会いの場の仕掛け」、そして、「強制的に変える」。この4つの方法に分けて紹介していきます。

●お互いを知るきっかけの提供

社内コミュニケーションの活性化――。具体的なイメージは、社内のあちらこちらで従業員同士の会話が活発になされている状態ではないでしょうか。会話がなされるには、お互いの相互理解、その「お互い」が知り合いである、という前提が必要です。イノベーションに結び付く偶発的なコミュニケーションは、見ず知らずの他人との間では成立しません。そのためには、誰がどの部署に存在し、そこでどのような仕事をしており、また、どのようなプライベート情報を持っているかなど、お互いがどのような人間なのかを知っておくことが必要です。

社内報を創刊する際、社内報でどのようなことが知りたいかというアンケートをとると、どの企業でも、どのような部署があるのか、どのようなメンバーがどこにいるのかを知りたいという要望が上位にきます。部署紹介、人物紹介の企画がそれに該当します。そのような企画を通じて、会話の糸口が見つかります。当然、同一部署内ではリアルな自己紹介がそれに当たります。社内報の部署紹介、人物紹介はメディアを通じての自己紹介となるわけです。

会話のきっかけの提供は社内報だけではありません。イントラ内のウェブ社内報でも可能でしょうし、壁新聞も効果的です。壁新聞は複数人で一緒に見ることができますから、その記事を肴にして会話が盛り上がります。ＩＣＴの進展により、それはデジタルサイネージとなり、多くの企業で活用されています。ある企業では、その月の誕生日の従業員をデジタルサイネージ上で紹介し、会話のきっかけを提供しています。

●偶発的な出会いの場の仕掛け

お互いを知るきっかけを社内コミュニケーション・メディアで提供した後に効果的なのは、偶発的な出会いの場の仕掛けです。オフィス・レイアウトでの仕掛けがそれに当たります。偶発的な場において、会話の可能性を高めるという施策です。特に、部門が異なる、専門が異なる社員が偶然出会い、そこで行われるインフォーマルな会話、そこで得られるインスピレーションがイノベーションに結び付くと言われています。

オフィスにおける社内コミュニケーション活性化は、クリエイティブ・オフィスとして考えられています。クリエイティブ・オフィスとは、社員が持っているナレッジを表に出しやすいように設え、創造的な仕事やイノベーションが起きやすい環境を整えることです。

具体的には「オフィスの見える化」です。どこで誰が、どのような仕事をしているかが、一目瞭然となるオフィスのことです。優れたオフィスとして表彰されるものの多くは、執務室内に視界を遮る什器や間仕切りがありません。会議室もガラス張りとなっていて、ホワイトボードに書かれている内容や集まっているメンバーを見れば、いまどのようなことが会社で動いているのかが理解できます。

このようにして、仕事の現場が見わたせることで、自らが抱えている課題やジャストアイデアについて、それに関連するナレッジを持っているメンバーを見つけやすくなり、さらに対話がしやすい場が数多くあれば、それだけコミュニケーションは活性化していくというわけです。

▼「ちょいミーティングスペース」で活性化

対話しやすい場として「ちょいミーティングスペース」という場が活用されています。従来だと、打ち合わせや会議はしかるべき場所の会議室で行われることが多かったものです。しかし、会議室が埋まっていたり、そもそも数が足りなかったりすると、いま思いついたジャストアイデアが生かされなくなってしまう可能性があります。

「ちょいミーティングスペース」が執務室内に数多く配置されていれば、打ち合わせしたい時に打ち合わせができ、また別段かしこまらなくても会話がしやすい雰囲気となります。先にも記した優れたオフィスには、そのようなスペースがいたるところに配置され、そこにはホワイトボードやモニターも常備され、どのような打ち合わせにも対応できるようになっています。

「オフィスの見える化」と「ちょいミーティングスペース」はコミュニケーション活性化

への設えとともに、各人が保有する暗黙知を形式化するための設えでもあります。見渡せるオフィスを歩くことで暗黙知に出会い、その暗黙知を素早く形式化しやすくするためにミーティングスペースを数多く配置しているのです。

▼「マグネットスペース」で活性化

みなさんのオフィスもあるいはそうかもしれませんが、コピー機やプリンターが一カ所に集約されているスペースがあります。共用機材や備品を一カ所に集め、そこで偶発的な出会いとそれに伴う会話をさせようとするものが、この「マグネットスペース」と言われるものです。

コピーやプリンターの出力を待つ間、違う部署の同期社員が同じように横で出力を待っていたら、「久しぶり！　元気？」というような会話がされることでしょう。つまり、通常業務ではなかなか会話がされないような人たちを、このスペースで会話させようとするスペースです。あくまでも可能性でしかないのですが、各部署にコピー機やプリンターがある状態だと、このような会話はほぼされることはないでしょう。

ある企業では、ゴミ箱が執務室内の1カ所に集約され、さらにそのゴミ箱の上には、壁新聞やお知らせを掲示するボードが立ててありました。ゴミを捨てに来る社員間での偶発的な会話、ゴミを捨てる際に必ず掲示物が目に入るという状態、さらに掲示物について、それをネタにしての会話、そのような可能性を提供する場として活用されていました。

　このように、共用スペースを1カ所に集約し、あえて不便な状態にすることで、執務室内を「わざと」歩かせ、交わらせ、会話がされるような設えとするのです。

　あるいは、オフィス内の主要通路のそばにコーヒーコーナーやリフレッシュスペースを配置して、ほっと一息する際の偶発的出会いに賭けるのです。オフィスは日常的に使う場ですから、その中にいろいろと仕掛けをしていくことは大変効果があります。

　また、先に紹介したデジタルサイネージ。コピーやプリンターの前に配置して、そこで誕生日を迎える人の情報を掲載しておけば、出力を待つ間に目に入り、その人に出会えば「誕生日おめでとう！」と声が掛けられます。デジタルサイネージという社内コミュニケーション・メディアとオフィス・レイアウトとの連動が必要となってきます。

　オフィスにおける偶発的出会いの場の提供は、その場があれば、会話が必ず生まれるというものではありません。しかし、そのような交わりの場がないことには、会話がされる可能性が一段と低くなってしまいます。オフィスにおける偶発的な出会いの場の仕掛けは、会話が生まれる可能性に賭けることであり、そうであるならば、数多くその場を提供することが大切です。

●意図された出会いの場の仕掛け

オフィスが偶発的な出会いの場であるのに対して、こちらは事務局側が意図した出会いの場の提供です。事務局側が引き合わせたい社員同士をコミュニケーションの場に連れてくるのです。

社内イベントもそのひとつです。社員同士が和やかに歓談できる場がそれに当たります。キックオフの後の懇親会や、周年行事としての社内パーティーです。久しぶり出会う同期や、いつもメールだけの間柄の社員同士が、懇親会の場で出会い、会話がはずむ。その会話を通じてお互いがより深い関係になっていく。その場を仕掛けるのです。

あるいは食事会。仲の良い者同士の食事代を補助するケースもありますが、ここでの施策は、事務局側が食事会の参加者をピックアップして連れてくるのです。普段話す機会のない社員同士をあえて同じ場に連れてきて、お弁当を提供し、場合によっては話すテーマも選定します。ワークショップも同様です。各テーブルのグルーピングを事務局が選定していきます。この場で初めて会って会話をすることで、その後、仕事で困った時の相談相手になったり、プロジェクトチームを組む時のメンバーとして招聘するケースもあるでしょう。

社内報の座談会も同様の効果があります。会話がはずむからといって、知り合いばかりを集めるのは意味がありません。可能な限り、普段会話をすることのない社員同士を組み合わせることで、その後の展開に期待するのです。

▼晴れの舞台を仕掛ける。社員講師による勉強会

事例を紹介しましょう。社内大学という名称で運営している企業が多数あります。外部から専門家を招聘して勉強会や研修を開催するのではなく、講師役を社員とするのです。それも業務に関する勉強会だけでなく、業務外についても同様に行うのです。

まずは業務系の勉強会。業務に関する専門知識を有する社員に講師役を任命します。任命された社員は、必死になって勉強会の資料作り、プレゼンの練習を行います。それによって自身の成長の機会になります。

勉強会を社内に告知することで、自社にこのような専門家が存在するのだ、というPRになります。また勉強会に参加した社員は、勉強になるとともに、素晴らしい社内人脈を作ることができます。困ったらこの人に連絡しよう、そのようにしてこれから会話するきっかけ、知り合う場を提供することになります。

では、業務外の勉強会とはどのようなものでしょうか。例えば、プライベートでヨガを行っており相応の知識がある、写真撮影が趣味でその腕前がプロ級。そのようなプライベートでプロ顔負けの社員がいるはずです。そのような社員に、課外活動的に講師役を頼み、希望者を募って勉強会を行うのです。

参加者は当然、さまざまな部署から集まってくるはずですから、参加した者同士の知り合うきっかけを提供することができます。お互い自己紹介などするはずですから、仕事上での結び付きの可能性もあります。

講師役としては、晴れの舞台で活躍できますし、その場に参加した者同士の会話の場の提供、そして、講師役との人脈作り、参加者同士の人脈作りに寄与することができます。自らが興味のあることですから、積極的に知り合い、会話をすることが期待できます。

▼リサーチ活動が知り合う機会に。プレゼント交換会

あるアパレル会社の事例です。会ったことのない社員同士がペアを組み、お互いにプレゼントを贈るという制度です。相手にいかに喜んでもらうかを考える上で、相手のことをより深く知るきっかけが提供されます。

総務部が事務局となり、毎月、接点のない社員同士の組み合わせを作り、双方にその相手を連絡します。月1回行われる全体会でプレゼントの贈呈は行われます。ですから、連

絡を受けた社員は、プレゼントを贈る相手の喜ぶ顔、全体会の参加者の驚く顔のために、必死になってリサーチを行います。

相手本人には聞けませんから、その本人が所属する部署のメンバーや上司、同期社員に本人の趣味嗜好をヒアリングします。今まで接点のない人の所属する部署ですから、その部署の他メンバーともほとんど接点がない場合が多いでしょう。自己紹介から始めて、いろいろなメンバーと話をする機会の場ともなります。

プレゼント交換当日。お互いが初めてその場で会話をしますが、ヒアリングした他のメンバーよりも、お互いのことを知り合った仲ですから、その結び付きは深いものとなります。一気に距離が縮まり、双方の部署の「ハブ」、潤滑油としての役割が期待されるでしょう。

このようなプレゼント交換を繰り返すことで、そのヒアリング段階からさまざまな部署に出入りするきっかけともなり、やがて、ほとんどの部署の人と話すことになる結果となります。このように、会話のきっかけをどのように提供するかが、重要なのです。

いずれにせよ、偶発的な出会いを待っていては決して出会わないようなメンバー同士、同じビル内でもフロアが違う、拠点が違うメンバー同士を事務局が意図して出会わせる場です。ですから、事務局側として、普段のコミュニケーションの実態を把握しておくことが肝要です。

しかし、効果が見込めるからと言って、やみくもにイベントを開催してもいけません。社内イベントの開催のポイントについて紹介してみます。

▼企画意図の首尾一貫性と参加者への周知徹底

社内イベントは、コストも人手もかかります。就業時間内に行われる社内イベントでは、参加した社員の機会損失というリスクも背負っていることになります。周年事業のイベントですと、多大なコストと社外のお客さまへの配慮も必要となります。

当然ながら、何か企画意図があって社内イベントを行うのですから、事務局内では社内イベントの企画意図について、首尾一貫した姿勢が必要となります。判断に迷ったらその判断軸となりますし、参加者にとっては「ぶれない、意味のある」イベントとして見せていかなければなりません。

逆に言えば、今まで行っていた社内イベントの目的を再度見直してみるべきです。そもそも何のためにそのイベントを行っていたのか、目的は何なのか。単純な親睦会だけで良いのか、多少なりとも経営メッセージを含ませるのか。せっかく多くの社員を集めたのであれば、去年より、前回より効果のあるものにしたいところです。

例えば、12月の定例行事である忘年会。例年通りに行うのではなく、忘年会の目的は何なのか、今一度考えてみましょう。目的が「組織風土を良くするための懇親の場」であるなら、年間ＭＶＰを表彰する場にしてもいいかもしれません。その際も、なぜ表彰されたかを伝えることで、会社はこのような動きをする社員になってほしいのか、という気づきにもつながります。そのような仕掛けをすることで、従来の飲み会も少しバージョンアップし、さらに効果のあるものにすることができます。

事務局側の首尾一貫性とともに、社内イベントを開催、告知する際にも、企画意図は明確に謳っておくことが大切です。参加する側の意識もベクトルを合わせておくことで、イベントの成功率も上がります。先の忘年会の企画意図、プログラムも事前に告知しておくことで、参加する側の心がまえともなり、事前準備も可能となり、結果として、成功、意図した企画の効果が上げられることになります。

企画運営側としては、参加者目線で、参加することにどのような意味があるのか、参加することのメリットは何なのか、自らも参加でき楽しめることができるのか、そのような視点で企画することが大切です。「コミュニケーションは受け手により成立する」と同様に、イベントも参加者の参加した感想が、その成功の鍵を握っていると考えて企画しましょう。

●強制的に変える

最後は、特定のメンバーの場を変えてしまう施策です。席替えであったり、レイアウト変更であったり、もっと直接的には人事異動です。まったく異なる働く場に異動することにより、新たな関係性が構築され、今までの人的ネットワークを新たな働く場に接続することも期待できます。

人事異動のような恒久的な移動ではなく、ある企業では、社内短期留学という制度を導入しています。所属部署とは異なる部署で、ある期間その部署の仕事を体験するという制度です。他の仕事を体験することで、視野を広げるという目的、また短期（3カ月から半年程度）とは言え、留学した先での人脈作りが可能となります。留学先から戻ってきても、その人脈は生き続けますから、何かあれば気軽に頼ることができるようになります。情報交換もされることでしょう。留学した人が「ハブ」となり、両部署の潤滑油としての活躍も見込めます。

さらに、留学生の年次にもよりますが、一定期間、本籍部署からメンバーが抜けることになりますから、その部署として人手が足りなくなります。その分を他のメンバーでカバーしなければならないので、業務の効率化、改善が見込めます。リーダークラスが留学してしまったら、さらに工夫をしないと乗り切れません。

一方、受け入れる部署は、まったくの初心者が入ってきますから、戦力として活躍してもらうには、仕事の意味や目的を伝えなければなりません。その際、自らの仕事を見つめ直すきっかけとなるかもしれません。また、リーダークラスが留学生としてやってきた場合は、その人の経験もあり、従来型の業務について、良い意味での指摘や改善提案も期待できます。

留学する方も、受け入れる側も、さらに送り出す側にも多くの刺激があるこの制度、多少の混乱はあるものの、人脈作りに付け加えて、両部署に、業務改善という刺激を与えることが可能となります。

この「変える」という施策は、特定のメンバーを強制的に元いた働く場から、異なる働く場へ異動させる施策です。どのメンバーを異動させるかによって、その効果も大きく異なります。インフルエンサーと言われる影響力の大きなメンバーを上手に動かすことで、さまざまな部署でのコミュニケーションが活性化されることでしょう。

以上のように、社内コミュニケーション活性化施策は4つの方法がありますが、大切なことは、どの間のコミュニケーションを活性化したいのか、もっと言えば、誰と誰を会話させたいのか、そのような具体的なイメージを持って施策を考えることです。「コミュニケーション」という言葉は漠然としすぎています。具体的なイメージを持ち、そのためにはどの施策を取ることで、その解決が図られるのか、そのようなプロセスで施策を考えていくことが重要です。

Part 4

さまざまな業務の進め方

関係者の座談会を開いて「現場の声」も掲載します
座談会にもぜひご協力ください！
今回のリニューアルを会社を変える出発点にしたいんです！

総務の仕事は大変範囲が広く、そのすべてを網羅して解説するには、頁数がいくらあっても足りません。

例え網羅できたとしても、中途半端に終わってしまいます。

そこで本書では、各業務を取り上げることはせずに、総務業務に共通する考え方、総務全般に関係する項目についてこのパートで取り上げます。

カペラが
変わる時
Story 4
…………!
これが
社内活性化のための
オフィス

「クリエイティブオフィス」です！
クリエイティブオフィス？
仰々しい名前を付けたなぁ
その通り！オフィスをスッキリ「見える」ようにしたんです！
前よりもスッキリした…
ぐらいにしか見えないけど

今まではどの社員が何に詳しいかなんてなかなか把握できませんでしたよね
えっ？
そりゃそうよ これだけ社員がいるんだし
同じ部署ならともかく よその部署の社員のことまでは
でも今回
すべての仕切り板と
不要な什器をなくし

机の位置を変更しました
こうすることで部署間の「壁」もなくなり…部署間の「距離」も縮まりました
今後はお互い声も掛けやすくなるでしょうし
別の部署の誰がどんな仕事をしているかも知りやすくなるはずです

また今回
会議室を
ガラス張りに
しました
こうすれば
誰がどんな会議を
行っているかが
室外からも見えます！
オフィス空間を
「見える化」したことで
社員が持っている知見や知識…
つまりナレッジも
「見える化」したんです！
計測工学
JIS HandBook
売れる配色
でも見えすぎたら
周りが気になって
集中もリラックスも
しにくいんじゃない？

クリエイティブオフィスは視覚以外の五感にも配慮されています
フロア内には高音質・広帯域の音を再生できる技術を駆使して
自然音を流すようにしますし
什器も随時 使いやすい「触感」に優れたものに入れ替えていく予定です
でもそこまで快適さについて考えていながら
なんでコピー機やプリンターを1カ所に集めたんだ?

前は何カ所かにばらけて置いていたのに
とおいよ〜〜
これじゃあコピーや印刷をするたびに前より歩かなければならない社員が増えるぞ?
リニューアル早々クレーム続出かも…
そうなるかもしれません
でも…
その程度の「不便」は
社内活性化のためにがまんしてもらいます!

共用スペースを
1カ所に集約すると
そこに多くの社員が
引き寄せられます
そんな
「磁力」のある空間
「マグネットスペース」
を作れば
別部署の社員が
話をするチャンスが
増えるはずなんです！
それにフロア内を
歩き回る機会が増えた
方が…
別部署の様子を「見る」
機会も増えます

でもまずは同じ部署同士のコミュニケーションが大事じゃないのか？
数日前
できれば会議室を増やしてほしいんだが…
あの要望はどうなった？
今回のリニューアルには時間もコストも限りがありました
だからガラス張りにはできましたが
会議室は増やせませんでした
でもその代わり

フロアの端の何カ所かに「ちょいミーティングスペース」を設けることができました！
ここで「ちょいミーティング」をすればちょっとした「報・連・相」はすぐに片付くでしょうし
フロア全体そして社内全体がさらに「見えやすく」
「話しやすく」なるはずです！

見えやすく話しやすくなったのは
社員食堂も同じです！
これまでの席は長机ばかりでしたが

お互いの顔がよく見える４人掛けのテーブル席や
リラックス効果で気軽に話せるソファ席
そして「濃い話」をしたい時に使えるセミクローズド席までも新設しました！
いろんなタイプの席があった方が休憩時間や打ち合わせにも使いやすいはずです

あれ？前は1人席があったはずだけど…
あえてなくしたんです…社内活性化のために
えっ!?
ひとりで社員食堂に来たとしても
誰か顔見知りの社員がいたりしますし
いなかったとしても知らない社員と相席になれば

社員同士の新たな交流も生まれます
社員食堂も社員同士が「偶発的」に出会える場にしたかったんです！
でも昼食の時ぐらいひとりで…気兼ねなく食べたいものなんじゃない？
ちゃんとそのための「場」も用意しました
そもそも我が社には
社員にリラックス・リフレッシュしてもらうための「場」が…
ちゃんと提供できてなかったのです
!?

今回の
レイアウト変更に
対する要望でとくに
多かったのが
リフレッシュスペースの
改善でした
○ 気軽にリフレッシュできる場を作って欲しい。
○ 仕切りを無くして欲しい。
○ 会議室を増やして欲
これまでも我が社には
リフレッシュスペースは
ありましたが
そこにいると
「サボっている」
と誤解されると
思ってか
利用率は
高くあり
ませんでした
しかし
リフレッシュ
できなければ
いい仕事も
できません
そこで今回

社員食堂の一角に飲食持込ＯＫの「リラックススペース」を新設しました
リラックススペースには新聞や雑誌だけでなく
カペラの事業に関連する書籍・資料なども置きました
株式会社カペラ
株式会社カペラ
株式会社カペラ
かわいい!!文房具
消しゴムの杜
ステーショナリー評論
手帳&文具
カペラ事業部
カペラ事業部
文具に隠された技術
文房具の歴史
万年筆大全
例えば喫煙所には「そこでしかタバコが吸えない」というそこにいられる「大義名分」がありますが
これまでのリフレッシュスペースにはそれがありませんでした
しかし…

新設された リラックススペースに 行けば調べ物ができます
「調べ物をする」という「大義名分」があれば 長居も できますし
ついでに リラックスも リフレッシュも できるはずです
なるほどねぇ…
また「学びの場」である リラックススペースで 勉強会を 開催したり すれば
新たな交流の きっかけにも 新たな知識を得る きっかけにも なります

「場」を変えるだけでそこまで会社は「活性化」できるものなのかっ
「場作り」だけじゃなく社内報でも社内活性化はできますよ！
CAPELLA
今回のリニューアルで特集を組もうと思います
パラ…
コンセプトや変更点の詳細だけじゃなく

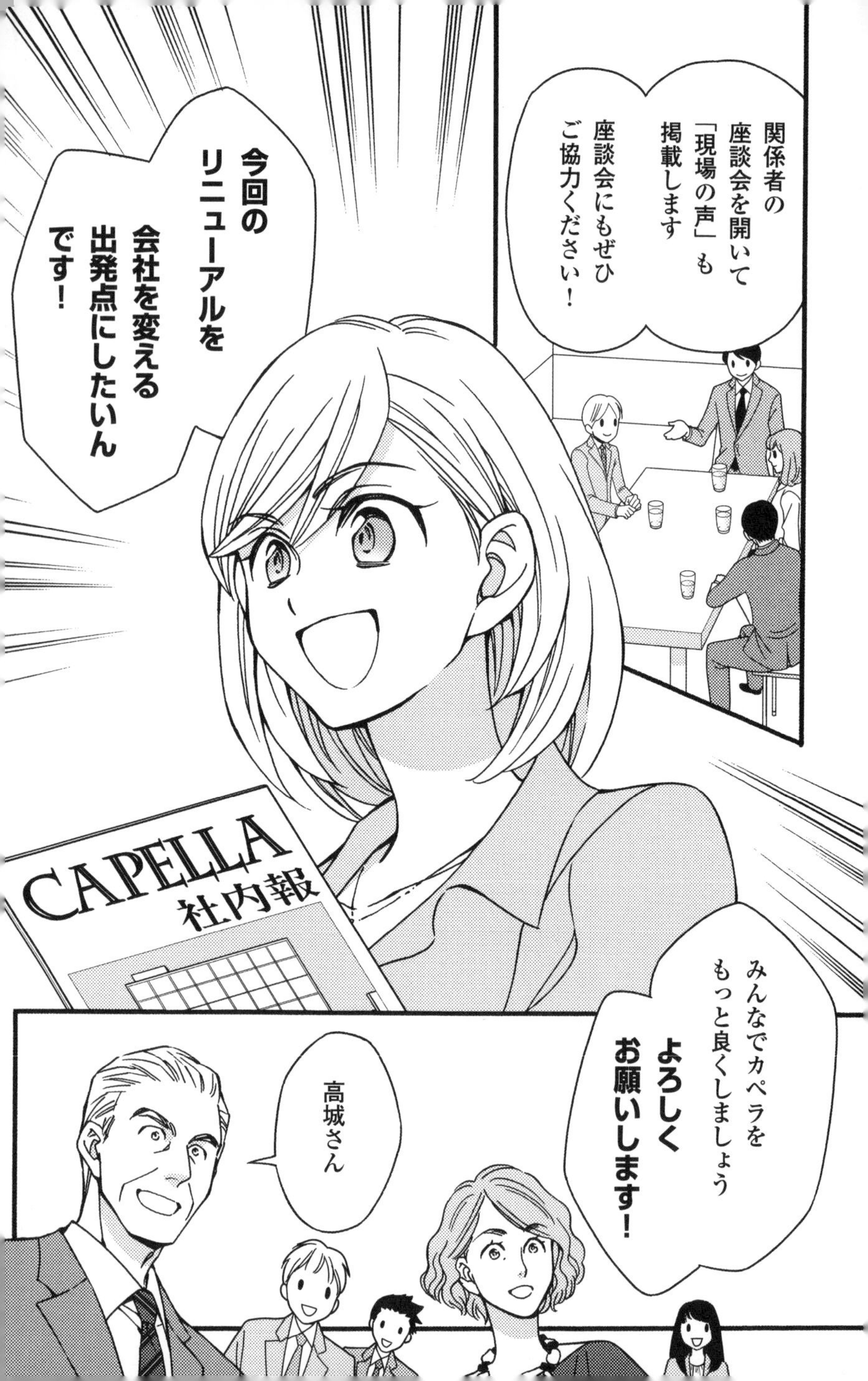
関係者の座談会を開いて「現場の声」も掲載します
座談会にもぜひご協力ください！
今回のリニューアルを会社を変える出発点にしたいんです！
CAPELLA
社内報
みんなでカペラをもっと良くしましょう
よろしくお願いします！
高城さん

数日後
すばらしい内容ですね
パラ…
LLA
社内報
社内報を読んだ社員の反応は？
すごかったです！
なんで3階だけなの!?
早くこの階もリニューアルしてよ！
すべてのオフィスを随時「クリエイティブオフィス」にします…
少々お待ちください！
自分たちのメリットにかかわるならそりゃあ熱心に読みますよねぇ

社内報には社員のモチベーションが上がるような情報や
リラックススペース行ってみた？
いやまだ…一緒に行ってみるか？
社内コミュニケーションを活発にするためのきっかけになる情報を掲載すべきです
CAPELLA 社内報
今回のオフィスや社員食堂のリニューアルが
社員にとって価値の高い情報を生み出したため
その情報が載った社内報の価値と認知度も上げてくれたのです
CAPELLA 社内報
私も営業時代はじっくり読んでいませんでしたが
CAPELLA 社内報

「読ませる社内報」にすれば 情報発信や
社内活性化のためのツールとしてすごい効果を発揮するんですね
これに載ってたね!
CAPELLA 社内報
社内活性化
社内コミュニケーションの活発化は…
ぱくっ
早くもいろんな変化を生んでいます!
違う部署同士で話をする機会が増えたおかげで
部署の壁を超えた会議も行われるようになりました

そこから新たな商品や新たな営業・販売方法が誕生しそうです
また所属部署と違う部署で期間限定で働く
「社内短期留学制度」も実施されることになりました
いろいろと教えてくださったおかげで…
私の会社が変わり始めています
本当にありがとうございました
たいした話はしていません行動したのはあなたです
しかしここで会っていなければ

……でも
なぜですか？
？
何度たずねても
はぐらかして
言おうと
しませんよね？
なぜ
私にお名前を
教えてくれないん
ですか？
………

01 コスト削減

コスト削減は、こまごまとした施策の導入、業務改善ではその効果は限定的です。大きな視点で削減すべきターゲットを見定めて、根本的なところから見直すことが大事です。ここでは、コスト削減を進める上で大切な7つのポイントを示します。

①狙いを定める

最初に行うべきは、データの把握です。通信費、消耗品費、福利厚生費、リース費用等々、総務が管理している経費にどのような費目があるのかを明確にし、その上で各費目を構成している内訳を詳細に把握します。金額の少ない費目をいくら削減しても、全社に対するインパクトは小さく、金額の大きな費用にまずは狙いを定めましょう。

例えば、水光熱費のうちの電気代。東日本大震災が発生した年の夏の節電では、多くの企業がエレベーターを止めました。しかし、すでにご承知のように、オフィスの電気使用量においてエレベーターの占める割合は5%もありませんでした。良かれと思って削減しても、インパクトは小さいし、逆に業務の非効率化を招いてしまいました。オフィスの電気使用量のほぼ半分を占める空調、4分の1を占める照明にターゲットを定めて施策を行えば、大きな効果が得られます。やみくもにコスト削減を行うのではなく、データを見える化し、優先順位を付けて狙いを定めましょう。

●②ゼロベースで考える

費用項目からコスト削減を考えるケースで、人件費削減という観点から、業務単位、仕事単位でアプローチするケースがあります。この場合は、その業務の存在そのものをゼロベースで考えると良いでしょう。その業務の目的は何か、提供価値は何かを明確にして、まったく不必要と判断されれば、大きなコスト削減効果が、関連する費用、人件費削減として見込めます。

次に、その業務が必要と判断された場合、そのサービスレベルを下げられないかを検証していきます。本来は現場で対応すれば十分な業務を、本社の総務部が対応しているケースや必要以上に在庫を抱えているケース、必要以上に詳細な書類を要求しているケースなど、過剰サービス、過剰業務が存在しないかを見つけ、現場、関連部署の状況を考慮しながら、そのサービスレベルを落としていきます。ただし、注意すべきは、サービスレベルの低下による現場の抵抗です。経営層のお墨付きという大義名分を得て実行していくことが望ましいでしょう。

●③現場に負担させる

各事業部門にコスト負担をさせることも検討してみましょう。総務部の費用、あるいは本社費用とされているコストについては、現場のコスト意識は低くなりがちです。さらに、その費用内訳が見えないと、適切なコスト削減施策が取りづらいものです。費用負担の振り分けが面倒とはなりますが、各部門にコスト負担をさせることで、確実にコスト削減意識は芽生え、予算が厳しい部門では、逆にコスト削減の方法を聞いてくることもあります。

●④現場を巻き込む

コスト削減は、総務部単独で行うには限界があります。むしろ細かい積み上げのコスト削減は、現場の協力を得ずしてなし得ません。例えば、文房具やコピーなどの消耗品のコスト削減については、状況確認から保管場所や数量の変更など、現場の協力がないと、特に地方拠点などは対応ができません。ある企業では、現場を巻き込むために、経営層のお墨付きを与えた委員会やプロジェクトを組織し、その組織を通じて所属メンバーへの役割意識の植え付けと業務の重要性の認識を図っています。その組織メンバーが中心となり、所属部署のメンバーと協力しながら、現場を動かしていく。さらに、小さな成功事例をこまめに全社にPRしていくことで、現場の協力が得やすい風土も醸成できます。

現場を巻き込むには説得力が必要です。そのためには、まずは総務部内で実践してみて、表れた結果をもとに隣の部署を巻き込み、フロア内を巻き込み、そして本社、全社と横展開をしていく。じわじわと結果を出すことで、総務が音頭を取って行うプロジェクトは必ず効果があるという信頼感が醸成され、その結果、さまざまな活動が横展開できるようになるでしょう。

●⑤価格交渉の進め方

今までは提示されたままの価格でしか購入できなかったサービスが、規制緩和によってその価格が自由化されているケースもあります。あるいは、一律価格で価格表があったとしても、法人契約、ボリュームディスカウントなどにより、個別に価格が設定されるケースもあります。

例えば、電気代。従来の地域独占の電力会社だけではなく、新電力からも電気が購入できるようになりました。新規参入企業のほうが往々にして価格が安いし、その新規参入組の提示価格をベースに、従来の取引先と価格交渉することもできます。

ある企業では、あるサービスを大量に利用している企業を通じて価格交渉しています。あるいは、最低価格ラインの情報を入手して、どのような条件であれば、その価格が可能なのか知ることにより、例えば、発注先を集約するとか、グループ企業まで広げて適用してもらうことによって交渉が可能となります。さらに、同一価格と見られているものが、発注窓口を変えることで価格が下がるというケースもあります。

●⑥費用構造の基本理解

価格交渉の場合は、その支払っている価格の構造も正確に理解しておくと良いでしょう。イニシャルコストなのか、ランニングコストとして毎月掛かるコストなのか。そして、そのランニングコストはどのような費用で構成されているのか。

例えば、コピーのカウンター料金。保守メンテナンス料金も含んでいるのか、トナー代も含んでいるのか。その保守メンテナンス料金も、24時間365日対応なのか、そうでないのか。保守メンテナンスの発生頻度を考慮するなどして、フルサポートまでは要らないという判断もあるかもしれません。ランニングコストは、それぞれの発生頻度を考慮するなどして、価格を見直していきます。

また大元の基本契約料金を変更することにより、電気料金などは大幅なコスト削減も可能となります。請求書が送られてきたら、そのまま支払処理をするのではなく、請求書の中身を外部委託先に説明してもらい、しっかりと請求金額の構造を理解し、自社内でできること、サービスレベルを落としても構わないもの、そもそもの契約を変更できるものを見極め、コスト削減をしていきます。

⑦短期と長期の視点

目先の即効性のあるコスト削減もあれば、多少イニシャルコストは掛かるものの、長期的に効果が出てくるコスト削減もあります。例えば、事務所移転。移転費用というイニシャルコストは掛かるが、今までよりオフィス面積を減らすとか、賃料の安いビルに移転することにより、移転後の賃料負担が確実に削減できます。あるいは、節電効果の高い空調、照明器具に入れ替えるという手もあります。数年で回収でき、その後はコスト削減効果が積み上がっていきます。

一般的な思考方法として、「長期的、全体的、根本的」に考えるというものがあります。やりつくした感のあるコスト削減を、いま一度、先に記した「7つのポイント」とともに、この三軸で考えてみてはどうでしょうか。

02 業務改善

総務の仕事の多くは属人化され、可視化されていないことが多いものです。可視化されていないと、業務改善が進みません。そもそも業務改善とは、どのように進めればいいのでしょうか？　可視化されたとしても、業務改善の考え方が理解できていなければ、あらぬ方向に進んでしまいます。ここでは、業務改善の考え方と切り口について紹介します。

●そもそも、業務とは

業務改善を考える前に、そもそも改善をすべき業務とは何でしょうか？

いまさら何を質問しているのか、と思われるでしょうが、業務の目的を確認することで、業務改善のヒントが見つかるかもしれません。

そもそも業務、仕事とは、できるだけ少ない労力、最も効率の良い手段、プロセスで、結果として最も安価な費用で、多くの効果（＝目的の達成）を目指すことにあると思います。

初めてその業務を行う場合は、そのようにいろいろと工夫を凝らし、効率的に行おうと考え、そして実践しているのではないでしょうか？　しかし時がたち、環境も変化しているのに、相変わらず従来通りの方法で業務を遂行するといったマンネリに陥ることは多いかと思います。なぜなら、人間は変化を嫌うからです。昔のまま、従来通りの方法で行った方が楽ですし、何より安全だからです。仕事の仕方を変えたことにより、失敗してしまったら目も当てられません。変えるには勇気が要ります。確かな勝算が必要です。

しかし、怖がっていては、改善はできません。変革は起こせません。イノベーションはもたらせません。戦略総務を目指すのであれば、常に、業務の時間短縮、負担軽減、経費削減、そして、常に目的の質的向上を目指すことが必要でしょう。

●そもそも、業務改善とは

業務改善と聞くと、何やら大きなことをしなければならないと思うかもしれません。しかし、ムダなことをやめるという、ちょっとしたことでも改善です。ムダ取り改善という考え方もあります。どういうことかと言うと、総務にとって必要であっても、総務の〝顧客〟には価値のないムダを省くということです。

では、そもそも、総務の〝顧客〟とは誰のことでしょうか？　3つあると思います。

①直接的には、アウトプットの後工程
②対象は社員。本業での職場環境整備
③最後は企業。売上拡大等の業績貢献

①の後工程が顧客というのは、何も総務だけの話ではありません。ほとんどの仕事は流れの中で行われています。いくつもの仕事が積み重なったプロセスでもあります。総務の若手メンバーであれば、そのプロセスの中のほんの一部分の仕事を担当しているケースが多いでしょう。その目の前の仕事のアウトプットを受けて仕事をする後工程の人が、直接的には自分の仕事の顧客となります。その後工程の人が、スムーズに仕事ができるように、ムダなものを排除していくのは、至って簡単な業務改善です。その人とのコミュニケーションにより、そのムダは見つかるでしょう。ほんの少しの改善で、大きな効果を生む可能性もあります。

②は総務のあり方にも関係する顧客です。先述したように、今後の総務のあり方として、現場社員が本業に専念できる職場環境整備というものがあります。専念できるように環境を整備してあげるわけですから、現場目線でムダがあるようであれば、それを取り除いてあげるのです。効率良く仕事ができるサポートと言い換えてもいいかもしれません。

煩雑な注文の仕方や申請方法。必要のない書式の記載項目や押印欄。得てして総務目線での管理方法がまかり通り、現場では不平不満がたまっているかもしれません。現場が絡む業務フローを一度見直し、不必要なフローを取り除いてみることを考えてはいかがでしょうか？

③の売上拡大等の業績貢献。これに関するムダの排除は、先に記したコスト削減となるでしょう。

大事な総務の考えは、「何をしているかではなく、顧客に何をもたらしているかを考える」ことです。つまり、総務が必要だと思い行う仕事の中で、顧客に価値に提供をしていない仕事はやめて、顧客への価値が高い仕事を増やすことです。

●顧客との価値観のすり合わせ

そうなると必要になってくるのが、顧客との価値観のすり合わせです。すでに何度も記しているように、現場とのコミュニケーションがここでも必要になってきます。現場が今、何に困っていて、何を課題としているのか、何を必要としているのかを現場を歩きコミュニケーションすることで把握するのです。対話を通じて、総務が必要としているものの、必要と考えているものと現場の価値観のすり合わせをしていくのです。総務が机の上だけで仕事をしていると、総務での必要性と、「総務だけで通じる常識」によって、現場に受け入れられない施策を導入する結果となってしまうのです。

●業務目的の再定義

顧客との価値観のすり合わせも必要ですが、そもそも担当している業務の目的を把握しているでしょうか?

普段から目的を意識して仕事に取り組んでいるでしょうか? 目の前の仕事だけに意識がいっていないでしょうか? 目的がない、あるいは目的が不明瞭の場合、それ自体を行うことがムダというケースもあります。何も疑わずに、ただ昔からやっているから続けている。先輩に言われたから、その通りに進めている……。一度、すべての業務について、

「そもそも、この仕事の目的とは?」

「そもそも、この仕事の価値とは?」

このように、すべての業務の目的を再定義してはどうでしょうか? ゼロベースで考えてみるのです。もしこの仕事をやめたらどうなるのか? 車両管理の仕事があるけれど、社有車をなくしたらどのようになるのだろうか? 文房具を一括購入しているけれど、部門で発注させたらどうなるのだろうか? そんなことを全業務について、新年度を迎える

前に考えてみる。業務の目的を毎年再定義してみるのが良いでしょう。環境も変わり、企業の目指すべき方向も日々変化している現在、日々、柔軟に変化する総務でありたいものです。

さらに、仕事全体の目的の再定義もさることながら、仕事を作業単位にし、その作業ごとの目的を明確にしていくことも重要です。先に説明した後工程の人に、どのようなアウトプットであると仕事がスムーズに進むか、その視点でアウトプットを明確に定義するのです。その姿に合わせて前工程の人は仕事をしていくのです。そのアウトプットが明確であれば、前工程の仕事が正常にされたかどうか判別も容易にできます。

●改善の視点① 5W1H

次からは、業務改善の視点についていくつか紹介していきたいと思います。まずは、5W1Hで考える業務改善の視点です。以下の視点で見直してみるのです。

「Why：なぜその仕事が必要なのか」
「What：なぜそれがなされなければならないか」
「Where：なぜそこでなされなければならないのか」
「When：なぜその時なされなければならないか」

「Ｗｈｏ：なぜその人がしなければならないか」
「Ｈｏｗ：なぜその方法でしなければならないか」

●改善の視点②　業務改善の3段階

「業務改善の３段階」というものかあります。

①やめる
②減らす
③変える

この流れで見直す、というものです。

まずは、「やめる」。今まであった仕事を一度思い切ってやめてみる。やめた後で、必要性を感じたらまた復活すればいいのです。案外やめても誰も気が付かないというケースもあるものです。既得権化しているので、やめると現場からは不平不満が必ず出てきますが、いずれ慣れてしまうものです。やめる場合は、経営も巻き込んで大義名分を用意して、それを高く掲げると効果を発揮する場合もあります。念のため。

次は、「減らす」。どうしてもやめられないものはあります。そこで、継続はするものの、提供しているサービスは物品の量や質を落としていく、という方法です。回数、頻度、時間、種類、重さ、量、長さを検討することです。全面的にやめるのではなく、部分的にやめてみるのも、この「減らす」という方法です。案外、ムダに多く在庫を抱えていたり、必要のないサービスまで準備していたりするものです。これもじわじわと質や量を落としてみていくと良いでしょう。

最後が「変える」という方法です。量や質を変える以外に、要素、要件を変えるという方法です。同じ目的、同じ効能が得られるのなら、中身を変えるのです。ジェネリック薬品を使うようなものだと考えるとわかりやすいでしょう。

●改善の視点③　仕組みと運用の改善

続いて、2つの視点を紹介します。

①仕組みの改善
②運用の改善

仕組みの改善は、現状の仕事の流れを見直すことです。すでにあるプロセスや決まり事を、目的に合わせて見直す改善です。先に記した、目的を再定義して、その目的が達成できる最も効率の良い方法に変えていくのです。現在の状態からありたい姿に変えていくことです。

もうひとつの運用状態の改善は、すでにありたい姿として、その業務の見直しはされているものの、その状態が実現されていないことを、いわば是正する改善です。ありたい姿を標準として、その姿に近付けていく改善です。ですから、順番としては、まず仕組みを見直し、そのありたい姿に運用を合わせていく、という流れになります。さらに、その仕組みが整ったら、その標準形を維持するためには、マニュアルを作成しておくと良いでしょう。手順書と言ってもいいかもしれません。そのようにして可視化をしていくのです。

マニュアルを作成する際に注意したいのが、そのマニュアルを作成する人は誰なのかという点と、それを使う人は誰なのかを意識することです。つまり、マニュアルを作成する人は、その業務や仕事に精通している人、つまりプロであり、それを使うのは、その業務や仕事の素人であるということです。プロは、得てして自分目線で「これは記載しなくてもわかるだろう」と、細部を記載しない場合があります。一方、素人は細部も含めてすべて記載されていないと、そのマニュアルで仕事をすることができません。したがって、マニュアルを作成したら、一度素人にそのマニュアルを使って実際に仕事をしてもらう、といった確認が必要です。そこで素人目線で必要な記載事項を追加して、マニュアルを作成していくことをお勧めします。

03 アウトソーシング

先に説明した業務改善の一手法としてのアウトソーシング。多種多様なアウトソーサーも存在してきており、総務業務はアウトソーシングなしでは考えられなくなってきています。しかし、その本質を明確に把握されているでしょうか？　ここでは、アウトソーシングについて、今一度考えてみたいと思います。

●アウトソーシングのメリット・デメリット

アウトソーシングのメリットは、コア業務への経営資源の集中化やコストの変動費化やコストの削減。逆に、コスト増になったとしても、自社にない専門的な知識やスキルを活用することで、新たな取り組みが可能となることです。

一方、デメリットは、アウトソーシングした業務がコントロールできなくなる場合があることです。業務を丸投げしてしまい、その業務に精通したメンバーが異動などでいなくなると、アウトソーシングした業務の中身がわからなくなり、ブラックボックス化してしまいます。アウトソーシングしたとしても、しっかりと管理できる体制は必要です。また、緊急対応がしにくくなることも考えられます。内部で対応していれば、なんとでもなることが、アウトソーシングすることにより、対応時間外となると、まったく機能しなくなることもあります。さらに、情報漏えいなどのリスクが高まることも考えられます。つまり、アウトソーシングをする上でしっかりと把握しておかなければならない点は、アウトソーシングによる業務プロセスの分断と外部に任せることのリスクです。

●企業の中での総務のあり方

アウトソーシングを考える場合、まず必要なのが、自社にとって総務の優先課題を考えることです。総務でありがちなのは、総務だけの視点で、総務が効率良く業務を回せるためのアウトソーシングを考えてしまうことです。総務ありきではなく、会社ありきで考えることです。自社にとって総務がやるべきことは何なのか。その業務を行うためには、総務は何を強化すべきなのか。その強化のための効率化、外部リソースの活用、そのためのアウトソーシングという流れです。決して、総務だけの視点で考えてはいけません。

●アウトソーサーとの関係性

どのような業務をどのようなアウトソーサーに委託するのかもさることながら、そのアウトソーサーとどのような関係になるかも大事なポイントです。目的がコスト削減のみであれば、あるいは、単純作業のアウトソーシングであるなら、ビジネスライクな関係でいいでしょうが、アウトソーサーに対して委託業務の改善や改革を望むのであるなら、パートナーとしての関係構築が必要です。必要な情報は提供しつつ、業務目的を共有しながら、ともに作り上げていく姿勢が必要です。対等の関係で向き合うべきでしょう。ただ、どちらにせよ、委託先企業の厳正な評価、積極的な評価による適度な緊張感は必要となります。

また、アウトソーシングした業務に精通した、アウトソーサーを管理できる人材の育成も必要となります。企業を取り巻く環境変化の激しい現在、一度アウトソーシングしたらその内容がそのまま変わらない、ということはあり得ません。変化に応じた要求、改善は自社の人間により的確に指示しなければならないからです。アウトソーサーを進化させることも、自社にとって大切なこととなります。

04

管理系業務

「○○管理」という仕事は、総務の定番の仕事でしょう。リスク管理に在庫管理、その他、いろいろな「○○管理」が存在します。ここでは、「○○管理」という仕事をいくつか取り上げて、そのポイントを紹介します。

●リスク管理

リスク管理自体で、ひとつの総務業務として完結していますが、ここでは、各総務業務に共通する考え方を示します。各業務における緊急事態、生じると困る事態をあらゆる側面から洗い出し、それが生じないようにする予防策と、生じてしまった場合の対応策を定めておくことが必要です。予防策では、関係法規や安全な使用方法の周知徹底、対応策では、代替手段の確保や対応マニュアルの完備などです。事前に予防できることはすべて行い尽くす、そして、生じてしまったら速やかに対処する。これがリスク管理の基本です。

リスク管理とは守りの業務であり、それを実行する場合、なかなか現場の理解が得られない場合があります。その場合は、その業務を行うことは、結局のところ現場で働く社員を守ること、その手間を省くことであるという大義名分を用意しておくと円滑に進みます。

●安全管理

リスク管理の中で、直接的な事故を防止するのがこの「安全管理」となります。特に、車両や建物設備、機器施設を利用することで想定される事故の防止が目的です。これは、予防策によって防ぐことができます。逆に、予防策によって防がなければなりません。想定されているのに予防策をとらずして、実際に事故が発生した場合は、その管理部署の責任は重大です。ポイントは、どこまで事故を想定できるかにつきます。導入前に、実際に納入している、あるいは使用している事例を見せてもらうことにより、具体的な使用イメージを明確にし、そこに潜むリスク、事故を想定していきます。最大限、そして最悪の事態も想定して予防策を検討していきます。ただし、コストの問題もあり、優先順位と目的（企業の重要な資産である社員を事故から守る）を明確にして施策を選んでいくことが大切です。

●消耗品・印刷物管理

文房具や給湯室周りの消耗品、名刺や社封筒などの印刷物。これらのものは、次に挙げる在庫管理も重要ですが、まず、必要とされるものの種類について考える必要があります。文房具であれば、会社指定の品番を確定し、むやみに増やさないことです。社封筒についても、使用実態を把握して取り揃える種類を少なく抑えます。そして、文房具のように、補充品によって使い続けられるもの、封筒のように宛名を変えて使い続けられるもの、使用されずに（机の中に）放置されている中古品などを集め流用することも大切です。これらは購入単価も小額であり、部署ごとにコスト管理すると手間が掛かってしまうので、全社費や共通費で計上されることも多いですが、ブラックボックス化してしまいます。計上しないまでも、使用部署を把握して、使用状況をフィードバックできる体制が必要です。

●在庫管理

先の消耗品や印刷物のように、ある程度社内において在庫しておくべきものは結構多いものです。検討すべきは、ストックする場所の確保と適正在庫数との関係です。消費スピードが速いものについては、それなりに確保しておかなければなりません。その都度自社で発注するのではなく、納入会社、作成会社に適正在庫数を指示したうえで在庫管理をしてもらうこともできます。不足分を自動発注してしまうのです。たまに使用量が多く、在庫がなくなるケースがある場合には、管理部署での隠し在庫を持っておくことも必要です。コピーやプリンターのトナーなど、それらがないと機能しない重要な機器設備についての在庫品は二重三重に確保しておきましょう。一般的に在庫品の多くは、一度に発注する量が多ければ多いほど、購入単価が下がります。使用状況を正確に把握し、最も経済的な適正在庫数を定めていきます。

●資産・備品管理

まず、購入するに当たっての購買ロジックを定める必要があります。必要だから購入するのですが、特に複数台購入する場合は、なぜ2台、3台なのか、その理由を明確にすべきです。その場対応ではなく、一定の条件が揃わなければ増やさない方針を定めておきます。そして、当然ながら、資産や備品の価格や消耗度合（入れ替え期間）を考慮して、買取りやリース、レンタルなどの購入形態を検討します。コスト管理にもつながりますが、機器や設備の場合は、その資産をフルに活用できるように、あらゆる使用方法、機能についてメーカーから説明を受け、把握し、そして使用部署に説明することが大事です。宝の持ち腐れはもったいない。持ち運べる資産や備品については、面倒でも台帳による使用管理は徹底しておきましょう。そして、常に使用できる状態にあるかを管理しておきます。

●保守管理

すべての機器設備・物品について保守契約を結ぶ必要はありません。故障の可能性や頻度、故障した場合の事業に対する影響度合、スポットで対応した場合と保守契約を締結した場合の金額などを比較検討して決めていきます。そして、保守契約が必要となった場合は、単に印鑑を押すだけではなく、保守契約の中身について詳細に確認をすべきです。保守契約を締結した場合でも、実費が必要とされる部分もあるので、その区分けも明確にしておきましょう。特に通信設備など重要な設備については、対応窓口の受付体制を確認しておきます。自社の稼動状態に合わせ、365日対応なのか、24時間対応なのかなど、緊急時にすぐに対応してもらえる体制としておきましょう。また、修理が完了するまでの代替手段について、予め定めておくことも必要です。常に「リスク管理」と一緒に考えるべきです。

●使用管理

機器設備や資産、備品、消耗品の使用状況や社内制度などの利用状況を把握することです。事前に十分検証して、先の物品や制度を導入したとしても、実際に稼動してからの状況が異なる場合があります。あるいは、企業を取り巻く環境や経済状態、社内事情により、前提条件が変化する場合もあります。選択と集中がキーワードとなっている現在、不用、無用の物品やサービスについては早急に見直しを図り、廃止するのか、変更するのかの判断を下すべきでしょう。しかし、使用状況、利用実態を把握していなければ、見直しすることすらできません。また、状況について、きっちりとデータを取っておらずに、感覚で議論することもナンセンスです。常に最新の、そして有用なサービスを提供したいのであるなら、使用管理は徹底すべきでしょう。多少手間であっても、後々のコストを考えると必要な管理です。

●記録管理

事実を正確に残すことであり、履歴管理の意味も含みます。言った、言わないのトラブルを防ぐために契約書を作成したり、法律で定められている議事録（株主総会、取締役会）、重要会議の議事録などの作成業務がそれに当たります。あるいは、社内対応の指標として、実際の対応状況や判断基準を決められたフォーマットに記録し、今後の対応の参考にすることもあります。先の「使用管理」と一緒で、事実を積み重ねることで、見えてくるものがあります。新たな規程や社内体制、社内基準などの構築が必要となる場合もあります。ただし、単に記録を積み重ねるだけでは意味がありません。その奥に潜む問題点や解決策を見つけ出そうとする「問題意識」を持って、定期的に記録を分析しなければなりません。それも、同一の担当者が毎回行うと、ルーティンワークとなってしまいます。たまには、新たな視点、素人的な発想ができる、担当外のメンバーに分析してもらうことも必要です。

●契約管理

総務部が行う業務には、必ず取り決めが必要となります。対社内であれば、それは社内規程や要領、内規といった決まり事であり、対社外であればそれは「契約」となります。例え少額物品の購入であっても立派な「売買契約」の関係となります。契約を締結する意味は、債権債務の関係を明確にし、双方に課せられた義務、やるべきことが成されない場合のペナルティについて、あらかじめ双方で確認をしておくことです。「リスク管理」が、実際に生ずる、あるいは生じた事態への対応であるのに対して、「契約管理」は、双方の役割、業務区分を明確にすることにより、事前に想定されるリスクを排除していく行為です。広い意味でのリスク管理でもあります。契約は法務。このように考えている総務担当者は多いはずです。しかし、契約を含めた法務的素養は、今後ますます必要となってくるはずです。

●文書管理

「使用管理」や「記録管理」、「契約管理」。これらの業務により発生する必要書類を管理する業務がこの「文書管理」です。単に、キャビネット内に書類を入れておくことだけではありません。ファイリングと称して、ファイル用具を統一して、キャビネットに住所を付け、すぐに取り出せる状態にするだけでもありません。そもそも、各業務につき、どのような書類が必要とされているのか。あるいはどのような書類により「使用管理」、「記録管理」そして「契約管理」が効率良くできるのか。このような根源的な検討をすることが「文書管理」の目的です。書類を整理することが目的ではありません。業務の効率化が目的なのです。さらに、一度作ってしまったフォーマットはなかなか見直されることはありません。しかし、環境や状況が変われば業務自体が変わるのと同様に、その業務に必要とされる各書類、書式についても同様に改訂されるべきです。

●規程管理

社内規程には、法的に作成が必要とされているものの他に、自社の制度や体制により、決まり事、ルールを明確にしておく必要があり作成されるものがあります。会社としての決まり事という重みをつけて明文化し、周知徹底させていきます。株式公開を目指す場合は、証券会社などの指示により、作成すべきものが明確となります。しかし、そうでない場合は、どのような規程を作成すべきか迷ってしまうでしょう。大半は、参考書籍を片手に同じような文面で作成していくことになるかと思います。そうすると、作成することが目的となってしまい、本来のルールの徹底がおろそかになってしまう場合もあります。規程を作成する場合は、リスク管理の観点から、どうしても明文化し周知させる必要があるものに絞って作成していきます。そして、少しでも環境、状況が変化すれば、それに伴い、規程の内容も随時、タイムリーに改訂していくべきです。規程は作成するだけでなく、どのように徹底させるかがポイントなのです。

いろいろと教えてくださったおかげで…
私の会社が変わり始めています

Part 5

総務担当者が押さえておくべき“心がまえ”

総務に関する知識やナレッジは日々進化しています。
しかし、それらの知識を活かす“技”、テクニックや心がまえがないと、
十二分に成果は達成できません。企業に貢献できません。
知っているだけではものごとは進みません。
関係者に理解してもらい、巻き込み、そして成果を出さなければなりません。
そして信頼され、さらに大きな仕事をなし得るのです。
ここでは、総務担当者が押さえておくべき“心がまえ”のいくつかを紹介します。

数ヵ月後
私が総務部に異動になって1年
カペラに「クリエイティブオフィス」が誕生して半年以上が過ぎた
CAPELLA
皆さんの頑張りのおかげで
総務に本当に必要なことって？
Story 5

我が社の新商品「カスタマイズ・ペン」の売上が…
200万本を突破しました！
!!
ボールペンって100万本売れたらヒットですよね!?
なのに倍以上とは
違う部署同士で会議を重ねて新商品を開発し
売った成果が出たな！
総務の活躍のおかげだ
やったな高城さん

ううっ…
!?
う
うううっ…！
ポロ
ポロ
高城さん
…
総務が動いて
くれたおかげで
社内が活性化
されました

カペラは変わりました
カペラは復活します！
引き続き一丸となって我が社を盛り立ててください
…………！
1年で具体的な結果が出せたね
総務がこんなにやりがいあるなんて
楽しみだね！3階合同の「ヒット商品誕生祝賀会」！
社内報に多くの社員の情報が…

らーめん大好き
プライベート情報についても載るようになったから
お互い話しやすいしね
24年度入社の山口君は無類のラーメン好き。
月一ペースでラーメンを求めた小旅行をしているそうですが、昨年遂に全国制覇！
そんな彼の頼もしい相棒は、低燃費がウリのHALTO。
気ままなドライブの心強い味方のナビシステムには彼なりのこだわりがあるそうです。
仕事に関係のない「オフ」の部分も知っていた方がコミュニケーションもとりやすいですしね
社員もコミュニケーションの大事さをわかってくれて
取材に協力的になりました
そして今月にはついに
「社員名鑑」も完成する！カペラはますます活性化するね！
社員名鑑 CAPELLA
浮かれすぎですよ？部長
祝賀会の幹事は総務《われわれ》なんですから

名鑑を作ったのも我々ですし
なんか楽しいね…目に見えて会社が変わるのって
でも…
感慨に浸っているヒマはありません
えっ？
さっき一番感激してたクセに
オフィスのリニューアルも社内の活性化もやり切れてないですし
会社という組織は継続的に「改善」しなければなりません

我が社ではかつて「伝説の総務」と呼ばれた社員が活躍しましたが
彼が仕事を後進に譲り退社したあと
カペラの活性化は止まりました
立ち止まっちゃダメなんです
常にゼロベースで考えて……
会社の現状に沿った「成功」に結び付く
具体的な「目標」を設定し
部門方針
経営概念
社会の方向性
全社員が同じ「目標」に向かって協力するのが組織なんです
目標

ただ仲良くなっただけではダメなんです
会社は常に目的意識を持って「改善」され続けなければいけないんです
………
意識高いねぇ
!

会長！
社長！
!?
本当にありがとうございました！
有馬さんと出会えたことで…

私自身が劇的に「改善」されましたっ！
……
あっさりではなかったですが驚きました
創太朗めあっさりバラしおったか
ニヤッ

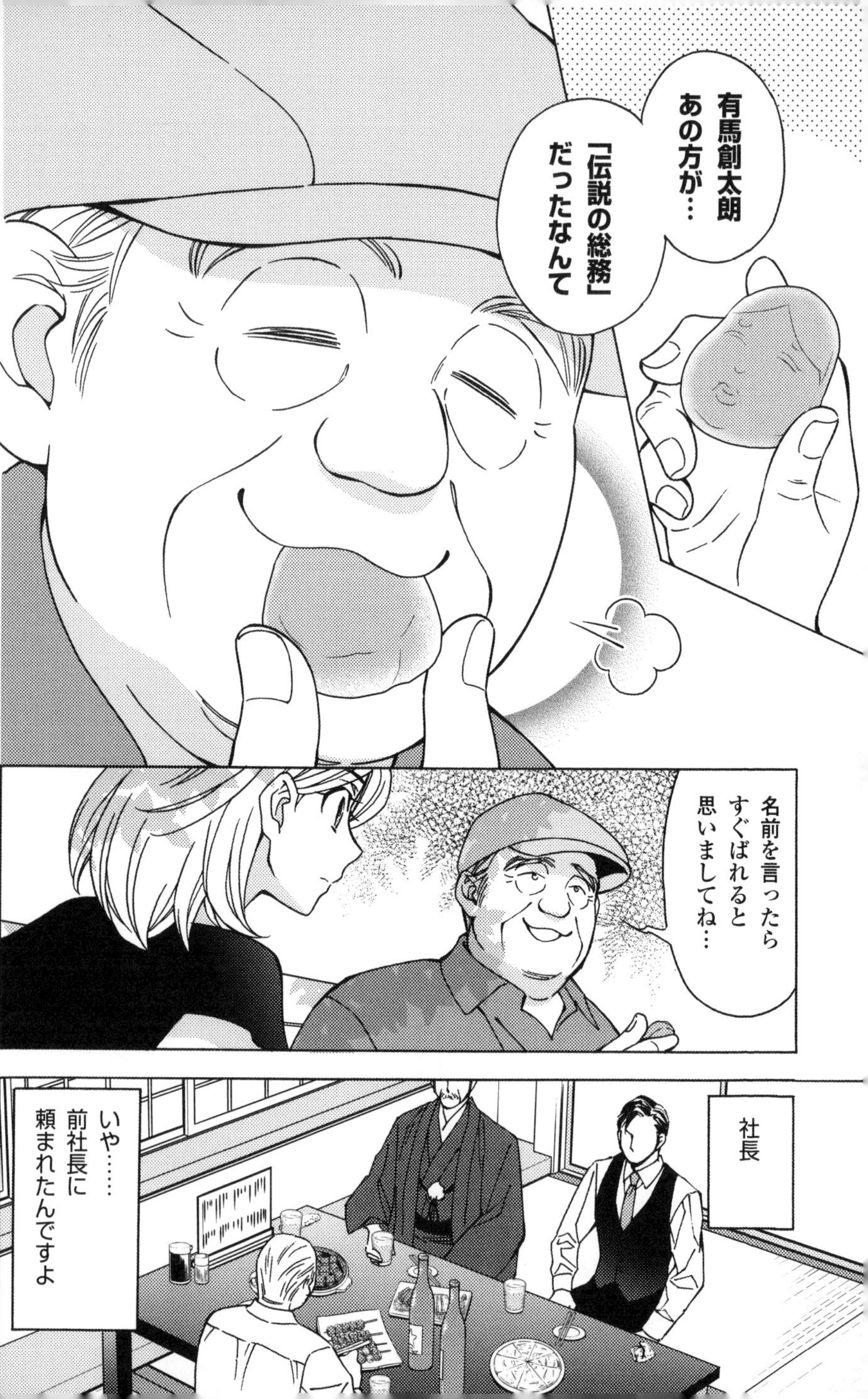
有馬創太朗
あの方が…
「伝説の総務」
だったなんて
名前を言ったら
すぐばれると
思いましてね…
社長
いや……
前社長に
頼まれたんですよ

昼休みによくここに来るらしいから
待ち伏せして来たら話し掛けてくれって
じゃああの日も…私と会うためにに!?
会社がそこですしね
だましたみたいでスミマセン…
昼間だけでしたし
私はあの方が任せてくれた……
思う存分働けました

創太朗のような
総務を
また育てたい…
私が辞めて
独立したあと……
カペラはかなり
大変でしたし
力を貸してくれ！
恩返しというか
罪滅ぼしというか
!!
社長…
そんな格好で
どこに!?
受付

い
いやぁ…
ちょっと
公園まで
私のために
そこまで…
それだけ
総務は…
会社にとって
大事なんですよ
会社全体を
常に見渡し
見守りながら
CAPELLA
社内の動きを
常に動き回って
各現場に
駆け付け

何かあれば
迅速に
決断や行動を
しなければ
いけないし
人や情報の
「流れ」を
活発化させ
社内を
「活性化」
させなければ
ならない
つまり
経営者の参謀役として
会社の「頭脳」を
担いながら
なんでも
やらなきゃ
いけないし…
なんでも
できるんです
総務は
会社の
「手足」や
「血液」にも
ならなければ
いけないんです

最後に総務《あなた》ができる
さらなる「大仕事」をお教えしましょうか？
えっ？
「部内のコミュニケーション」と
カペラの2つのコミュニケーションが活発に行われるようになりました

「部門間の社員によるコミュニケーション」です
でも我が社ならさらに3つめのコミュニケーションも
「経営トップと現場社員とのコミュニケーション」も活発に行えるはずなんです！

社員を集めて車座になって意見交換をしたり
現場に出向いて直接コミュニケーションをとる
「タウンホールミーティング」という方法もありますが
我が社ほどの規模の会社だと経営トップが社員全員と語り合うのは難しいです
ですのでまずは社内報のインタビューにご協力ください
社長として「夢」を語ってもらってかまいません

ただ「上から」ではなく「社員目線」まで降りてもらいます
ひとりの「人間」として…
家族や好きなことについても語ってください
社員が知りたいのは経営者の「人間性」です
私が聞き出してみせます
小一時間でかまいません
ぜひご協力ください！
……

もちろん
それくらいは
やりますよ…
経営側《こちら》が
仕掛けたことですし
高城さんも
有馬さんのように…
「伝説」を
目指してください
!
カペラを
どこよりも
光り輝く
「一等星」の会社に
しましょう!
はいっ!

そのために総務は
「現場主義」をモットーに
常に動き回らないと！
……なんか変な感じですね
こんな所で会うのは
ふふっそうですね
今回のプロジェクトは御社のご協力があれば
必ず成功します！
社長室

自身の「社外ネットワーク」を
その仕事《プロジェクト》に活かそうというわけですか
知らない「人」には力を貸しづらいが
あなたのことはよく知っている
私もうれしいです 共に仕事ができるのが
!
ぜひ成功させましょう!!
はいっ もちろん!

01

「自分のもの」と思うことで改善の意欲が湧いてくる

～This is my building～

オフィスビルにテナントとして入居すると、総務では、オフィス内の清掃管理など、その建物に関連する業務を担当することになります。担当する総務にとっては、その建物は当然ながら自分自身のものではなく、また、テナントとして入居していれば、会社のものでもありません。しかし、この建物は自分のものである、「This is my building」、そのような当事者意識を強く持つことで、入居している建物に対する気持ちが変化してきます。

●「自分のもの」であると思って仕事をする

「自分の建物」であれば、その建物について、さまざまなことを知りたくなるものです。竣工時期、耐震性、老朽化の程度。あるいは、建物を長く使用するために必要な修繕について、この建物の中ではどのような人たちが、どのような働き方をしているのか。そして、この建物に満足しているのか、いないのか。家賃や維持管理のために掛かる費用はいくらなのか。このように、いろいろと疑問が湧いてくるはずです。

また「自分の建物」であれば、汚れている箇所を発見したらすぐに清掃や補修の手を打つことでしょう。「自分の建物」であれば、自分で良くしたい、きれいにしたいという気持ちになるものです。

「自分の建物」という意識があれば、建物内で水漏れがあったらどのように考えるでしょうか。例えテナントで入っていても、この水漏れは自分の問題であり、自分として何らかの解決が必要だということになるでしょう。その水漏れは「自分の問題」となり、「自分の管轄範囲」で問題が生じた場合は、自らソリューションを求める、そのようになるということを表しています。つまり、「自分の建物」と思えば、そこで生じる問題は、「自分の問題」であり、「自分の問題」と思えば、人は自ら解決するように動くものなのです。

●当事者意識を持つと改善につながる

建物に費やすお金についても、「自分の建物」と思えば、水道光熱費や維持管理費など、多額の費用が掛かるものについては、お金の使い方についても慎重になるでしょう。今、どうしてもこの修繕にお金を掛けなければならないのか？　もう少し待ったほうが得策なのか？　それとも、今修繕しておかないと、後々もっと費用が掛かってしまうのか？等々。

しかし、このような当事者意識を持つことは、何も特別なことではありません。むしろ、総務としては、本来あるべき考え方であり、スタンスであると言えるでしょう。つまり、「自分の建物」である、「自分のもの」であると思うことは、総務における正しいスタンスに自分を置くことなのです。このように「This is my building」、「自分の建物」と考え、当事者意識を持つことは、それを良くしようと思う「改善」につながるという意味でも大切な総務の心がまえなのです。

●「自分のもの」と思うことで改善の意欲が湧いてくるのはなぜか？

他にも「自分のもの」と思うことの効果をいろいろな例で考えてみましょう。

皆さんが自宅から会社のオフィスまで行く間に、いろいろなところにゴミが落ちていると思います。もし自宅の部屋にゴミが落ちていたら、皆さんは拾いますよね。次に、玄関にゴミが落ちていたらどうでしょうか？　同様に拾いますよね。では外に出て、道路や駅のホームにゴミが落ちていたらどうでしょうか？　ここではゴミを拾わないケースの方が多いでしょう。会社のビルの玄関や通路だったらどうでしょうか？　ゴミを拾うか、拾わないか、微妙なところでしょう。しかし、オフィスに入って、自分の席の周りにゴミが落ちていたらどうでしょうか？　おそらくゴミを拾うでしょう。ゴミを拾う、拾わない、この差はどこからくるのでしょうか？　何をもってして、拾う、拾わないという判断を下しているのでしょうか？

これは、自分の領域にあると考えるものは改善しようという、意欲や使命感の違いを示しています。つまり、自分の所有物、自分の領域にあるもの、自分の役割であることについては、改善しようという積極的な意欲と使命感が生まれるということを示しています。裏を返せば、「改善したい、改善しなければならない、改善することが仕事」としたいのであれば、「それは自分のもの、その仕事は自分の仕事」と思ってしまえばいいのです。そうすることで、自然に改善しようとする意欲が湧いてくるのです。

例えば、毎日、伝票処理の仕事をしていたとします。もし、その仕事を単なる日常業務だと考えて行っていたら、昨日と同じ仕事を、きっと今日も続けることでしょう。しかし、伝票処理が自分の仕事であり、効率化するのが自分の責任である、と考えていたらどうでしょうか？　きっと、この方法で良いのか？　もっと効率的、合理的な起票方法や承認プロセスはないのか？　そのような改善やソリューションを模索するようになるでしょう。自分のものは改善ができる、「This is my building」と思うことで、問題意識が高まり、改善のためのソリューションを求める意気込みが生まれるのです。

02

自分の経営概念を持つ
～FM is Management～

従来型の管理総務の立場であると、「これをこうしなさい」という上からの指示を待っている状態です。戦略総務の立場であれば、自分としてどうするか、どうしたいか、どうあるべきかという考えを持っていなければいけません。会社の業績に貢献する立場の人間として、自分の持っている場所や責任範囲において、それを使って会社の成功、つまりは業績貢献に、いかに結び付けるかを考えることが、経営概念を持つということになります。自分の責任範囲でいかに経営に貢献するか、そのためのアイデアを持つ、という意味で経営概念持つということなのです。

●経営とはシンプルな3つの要素から成る

「FM is management」のFMとは、「Facility Management（ファシリティ・マネジメント：建物施設管理）」の略語です。「FM is management」、このように記していますが、何もみなさんの総務部をFM部門にしなさい、と言っているのではありません。FMの「M」は、文字通りManagement（経営）なので、日本より30年進んでいると言われている、世界のＦＭが取り入れている経営的思考を実践する総務になることを意味しているのです。

経営をシンプル捉えると、じつは３つの要素しかありません。ひとつめは、あるべき姿を描けること。この会社が、この組織がどうあるべきかをイメージすることです。２つめは、イメージしたところに到達するためのロードマップを描けること。そして、３つめはそこに社員を先導することです。経営概念を持つということは、あるべき姿と、そこに到達するためのロードマップを描くことです。

例えば、自社の受付はこうあるべきだとか、自社の総務サービスはこうあるべきだとか、自社の車両管理体制はこうあるべきだとか、このようにあるべき姿をイメージ化、そして表現することです。私たちはすべての業務において、このあるべき姿をイメージするスキルが必要になってくるのです。

そして、このイメージ化を絶えず練習しておくことが、総務担当者にとっては必要となるのです。そうすることで、瞬時にあるべき姿を考えることができるようになるのです。

●あるべき姿の要素を挙げられるか？

いきなり「あるべき姿」はイメージできません。さまざまな要素が組み合わさって、あるべき姿が見えてくるのです。あるべき姿をイメージするための練習では、まず要素を考え、書き出すことがポイントです。例えば、会議室を例に考えてみましょう。会議室のあるべき姿に必要な要素とは何だと思いますか？

このように要素を挙げていき、次に、個々の要素に関する項目を挙げていきます。それを統合してあるべき姿を考えていくのです。

●経営ブレイクを毎日30分行う

このような練習を毎週30分、仕事中に休憩をとって行うと良いでしょう。休憩中に経営概念の練習、これを「経営ブレイク」と言います。テーマは何でもいいのです、

会議室のあるべき姿を考える

会議の種類	どのような会議がここで開催されるのか、おもな会議体は
使用人数	最大何人まで利用するのか
使用時間帯	夜は何時まで使われるのか
必要備品	おもな会議体に必要な備品とは
予約方法	効率的な予約管理とは
飲食ルール	どこまで許容するか、飲食の設備の検討
室内環境	温度管理、照明管理はどこまで必要か
インフラ	電源コンセント、通信インフラの必要度合い
プレゼン機材	スクリーン、モニター等の機材の必要度合い
部屋まわり	扉、通路との境（ガラス張り、間仕切り、曇りガラス）等々

そのあるべき姿の要素を紙に書き出していくのです。このような練習を自分の業務について常にしておけば、例えばいつ何時、上司から「研修室を作りたい」といったオーダーがあったとしても、すぐにあるべき姿を言えることができるようになります。つまり、自分の業務の目標が明確となるのです。そうすれば、自分の担当業務内で業績に貢献する経営の話ができるのです。自らのアイデアを売り込むチャンスをものにできるのです。その準備ができていない総務担当者は、自らを売り込む絶好のチャンスを逃してしまいます。

総務担当者が上司や経営から求められているものは、各責任範囲においての意見です。プロとしての意見を求められているはずです。このような点からも、経営概念を持つ必要があるのです。

●「売れる総務」や業績に貢献できる総務に

経営概念を持つということは、最終的に、「売れる総務」となるために必要となるのです。いくらいいアイデアがあっても採用されなければ意味がありません。社内に影響力を持ち、アイデアが常に採用される総務担当者となるべきなのです。総務はアイデアマンであるべきで、このようなあるべき姿をイメージする力がないと、誰も頼ってきてはくれないでしょう。求められれば常に意見が言える総務担当者となるべきなのです。

そして、総務部内では各自がそれぞれの担当内であるべき姿をイメージして、議論をしていくべきです。その積み重ねにより、総務部として向かうべき方向が見え、業績に貢献できる総務部となっていくことができるのです。

03

経営方針とベクトルを合わせる。正しいFMはない
～Alignment～

まずは「アライメント（Alignment）」という言葉から説明しましょう。本来、「並べる」「比較」などの意味ですが、転じて、車に取り付けられたタイヤと車が行こうとする方向を合わせる、という意味で使われることもあります。ここでは、方向性を合わせること、ベクトルを合わせることだと理解してください。

●アライメントを合わせるとはどういうことか

じつはすべての活動、行動にはアライメントは付き物なのです。逆に言えば、アライメントがない活動や行動は存在しません。どういうことでしょうか。

例えば、あなたが日曜日にゴルフをするとしましょう。これは一体何とアライメントを取っていることになるでしょうか？　ゴルフが趣味という人であれば、あなたの趣味とアライメントを取っていることになります。日曜日は、自分の時間でもありつつ、家族がいれば家族のための時間でもあるわけです。ですから、日曜日に自分の趣味であるゴルフをするということは、逆に言えば、家族とはアライメントを取っていないことになります。

このようにすべての行動には、何かしらとアライメントを取る、ということになります。そしてそこには、何とアライメントを取るかという、「選択」が関係してくるのです。アライメントと「選択」とはほぼ同じ意味合いと考えていいでしょう。

●何とアライメントを取っているのかを意識する

総務の現場で考えてみましょう。例えば、会議室の照明について。A部長が「会議室の照明が明るすぎる」、一方、B部長は「いやいや、会議室の照明は暗すぎる、もっと明るくしてほしい」と言っています。このようなケース、総務部のあなたはどうするべきか。まずは、総務部としての方針を決めなくてはなりません。その方針はA部長、B部長のどちらとアライメントを取るべきなのでしょうか？　あるいは、業界標準とアライメントを取るべきなのでしょうか？　このようにアライメントは、常に何とアライメントを取るかという、対象が存在します。その「何と取るか」が大事になってくるのです。

そして、この「何と」の何を明確に定める必要があります。そうでないと、先の照明の話では、A部長から言われて暗くして、B部長から言われて明るくしてと、総務部の行動がぶれてしまう結果となります。これでは成り行きで対応している状態です。そうではなくて、しっかりと目的を定めて行動することにより、軸がぶれない活動となるのです。

総務の仕事をシステムとして捉えることであるとした場合、目の前の仕事がシステムという流れの中で、何とアライメントが取れているかを常に意識することが大切です。ただ言われたから対応している、従来の通りに処理している、ということで行動するのではいけません。ですから、総務としては「その仕事は何とアライメント取っているの？」そんな言葉が飛び交うことが必要でしょう。まずは何とアライメントを取っているのかを意識してください。

●経営に貢献するというアライメント

例えば、郵便物の処理。総務が届けた方が良いのか、各人に取りに来る方が良いのか。この場合のアライメントの取り方によって行動が変わります。自分の都合のいいほうにアライメントを取れば、取りに来させるということになります。一方、総務が配達すると、当然その時間は他の仕事ができません。配達のために人を採用すれば、その分コストアップになります。また、各部署の庶務や秘書は結構フロア内を出歩いて仕事をしています。であれば、庶務や秘書に取りに来てもらった方が、会社トータルとしては効率的となります。ですから、自分に都合がいい方にアライメントをとったとしても、このケースでは、会社の効率性とアライメントが取れていることになります。ですから、常にユーザー（現場の社員）のために仕事をすることがベストというわけではありません。

そして、総務の仕事は外注しているもの、購入するもの、総務部のメンバーが動くこと、すべてお金が関係します。ですから、アライメントを取るとしたら、会社に貢献するという意識、経営とアライメントが取られるべきなのです。

●「ケンカのできる総務」「売れる総務」を目指して

経営とアライメントが取れていれば、「ケンカのできる総務」となるわけです。つまり、ユーザーの用足しだけの総務、なんでもかんでもユーザーの言われた通りに動く、ユーザーとアライメントが取れている総務であると、先の郵便物のケースでは、「なぜ総務部が配達しないのだ」と、言われることになります。しかし、経営とアライメントが取れていれば、そしてそれがしっかりと説明ができれば、理解してもらえて、各部で取りに来ることに納得してもらえるはずです。

多くの会社は、ユーザーに言われるままの立場の弱い総務が多いかと思います。でも、経営とアライメントが取れていれば、現場にしっかりと説明ができるようになります。その結果、自分のアイデアが理解され、会社に自分の施策が採用されるという、私たちが目指すべき「売れる総務」となっていくわけです。

経営とアライメントを取っていれば、自分の行動に自信が持てますし、現場と対等に話ができます。あるいは、現場は自分の事業部しか見ていない一方、総務が全社のことを考えているのであれば、現場より上の目線で物事が話せるかもしれません。それが総務のプロなのです。総務がプロとなり、全社に影響する施策を実行していけば、一営業部門が売上を伸ばすより、はるかに経営に貢献することができます。またそのようして会社を変えていくものなのです。

まずはアライメントを意識することが大事です。意識すれば会社とのアライメントを考えるはずです。そうなれば現場とも対等に話せるし、売れる総務になっていきます。

総務の目的は、会社の成功です。したがって、常に会社の成功とアライメントを取ることが必要です。総務は、経営に代わって総務の世界で仕事をしているので、経営の意向に沿うのは当たり前なのです。そして、経営は各社各様。それに沿って行う総務も各社各様。だとしたら、これがベストの総務だ、ということはあり得ないので、「正しいＦＭはない」、つまり、「正しい総務はない」ことになるのです。どれが正しいかは、その企業の経営方針によるからです。

04

計測しないものは管理できない～You can't manage what you don't measure～

「You can't manage what you don't measure」とは、端的に言えば見える化のことです。「Measure」は日本語で言うと、何かを測る、計測するということですが、計測する前は、何も見えていない状態です。見えなければ管理しているとは言えず、管理できなければ、成果の上がる行動も取ることはできません。

●見えなければ管理できない

見える化ができれば、自然と、このようにしなければならない、ということが、まさしく「見えてくる」のです。そして行動目標が生まれます。つまり、「Measure」がないと目標すら作れないのです。

自社ビルにオフィスを構えている、東京郊外のある企業の総務部長を訪問した時の話です。この自社ビルの有効活用についてのミーティングがあり、その際、ビルのトータルコストを聞いたのですが、驚くことに、その答えは「知らない」でした。自らが10年も管理しているビルの、光熱費、償却費、税金等々の全体のコストを把握していなかったのです。

しかし、このようなことはごく普通のことです。と言うのは、経理部門が事業部別にそのような管理コストを按分してしまうので、総務部としては、直接管理している警備費とか共有部分に係る費用だけしか管理していないということになるのです。結果、ビル全体のコストを把握していないのです。ですから、1フロアを貸したらどのくらい負担が軽くなる、そのような発想はその総務部長からは出てこないのです。共有部の数字しか把握していないのでは、それもしかたないことです。しかし、これは何も特別の事例ではありません。日本の多くの総務部は「見える化」ができていないのです。それが原因で、行動目標が見い出せなくなっているのです。

●Measureをしたデータを意味のある情報にする

見える化をしないと、今の状態が良いのか、悪いのかの判断ができません。まずは「Measure」をして、データを取ることです。データが取れれば、次の目標が見えてきます。そしてそのデータも情報のレベルに変換することが必要です。例えば、今月の車両管理に費やした時間数が「30時間」となったとします。しかし、これだけでは何も読み取れません。良いも悪いもわかりません。しかし、昨年の同時期と比較して、例えば「昨年は

45時間掛かりましたが、今月は30時間で済みました」のように表現できれば意味のある情報となって、「今年は効率的に管理できた」といったことが読み取れます。その結果、良いか、悪いかの判断、そして次の行動目標が立てられます。このようにデータを意味のある情報にするには、２つ以上のデータと比較することが大切です。

大事なことは、「Measure」は「目標を作れるMeasure」でないと意味がない、ということです。ただ単なるデータを羅列しても意味がないのです。しかし、データすらないことには、まったく身動きがとれないことも事実です。

●計測、成功の定義、そして気づきを使い分ける

見える化には3つの方法があります。ひとつめは今まで述べてきた、動詞の「Measure」、調べる、測る、計測するということです。２つめは、名詞の「Measure」で、「定義や尺度」という意味です。「成功の『定義』は何ですか」「成功の『尺度』は何ですか」のように使う場合の名詞の「Measure」です。例えば、募金活動を例にとった場合、いくら集めたらこの募金活動は成功と言えるのか、その場合の目標は「１００円」なのか「5万円」なのか。この場合の募金活動の目標金額が成功の定義となります。つまり、この定義がそのまま目標となります。

3つめは気づきからくる「Measure」です。現場を歩きながら気づく、例えば「ここのフロアは汚い」ということが気づきです。これは自らが持っているセンスに対しての「Measure」です。自分のひとつの基準に対しての気づきと言ってもいいかもしれません。この「汚い」という気づきは数値化ができませんが、きれいにしよう、という目標を立てることができます。水拭きして、ワックスを塗り、さらに照明も少し明るくすれば「汚い」状態から「きれい」な状態になる。そのような行動目標が、気づきという「Measure」から生まれるのです。

この気づきという「Measure」は、絶えず自らの気づきのレベルを向上させていかないといけません。ある意味それは総務としてのプロ意識の向上と同じ意味合いです。さらに、総務の相手にする世界は、ものすごく広大であり、常に変化します。ですから、常に新しい情報を吸収し、また常に考えるべきなのです。そして、例え知識がなくても、その場における成果を導き出す手法、技を身に付けていれば、どのような環境においても、どのような前提条件においても成果を出すことは可能なのです。それが総務のプロと言われる人なのです。

このように「見える化」は何も数値だけではないことがわかるでしょう。ともすると、KPIを無理やり設定しようとするきらいもありますが、このように、気づきという、数値ではない目標もあるのです。私たち総務の世界は抽象的なことも多いものです。それについても目標を作って改善していかなければならないので、この3種類の「Measure」を使い分けていくことが総務の技なのです。

「Measure」することで、自分の世界（管轄業務）で自分の知らないことはない、という状態を作るのです。改善しようとする前に、まずは管理をしっかりとする、ということです。

●MEGAKAで総務の業務を回す

「見える化」により改善をしている総務の対極の姿は、「成り行き総務」であり、「ほったらかし総務」であり、従来のやり方を何の疑問も気づきもないままに行う総務です。そこには改善が生まれることはありません。また、自らプロとしての意識が芽生えることはありません。

「MEGAKA」という言葉があります。【ME】Measure、【G】Goal、【A】Alignment【K】改善、【A】Action。つまり、計測し、目標を立て、その目標が経営とアラインメントがとれているか確認し、そしてその目標に従って改善活動をすることです。目標を見つけたからと言って、すぐに行動してはいけません、経営とアラインメントが取れているか確認することが極めて重要です。経営とアライメントが取れなければ、場合によってはその目標自体をやめてしまう、という選択肢もあるのです。

これが総務のプロとしての活動プロセスであり、出発点は「Measure」なのです。この「MEGAKA」を回すことで人が育っていきます。

先に記した「気づき」は練習することで感度が良くなっていきます。一カ所に立って、5つの気づきをメモする、そのような練習方法でいいのです。例えば、地下鉄の駅に立って、5つの気づきをメモしてみる。「あそこの換気扇は、どこにつながっているのだろうか、ここが洪水になったら、どのようにして逃げるべきか」答えが出なくてもいいので、とにかく頭の中を「?」で埋め尽くすのです。このような練習を常日頃から、通勤途上でやってみると良いでしょう。そしてその「?」を調べていけば、自分の知識となっていくのです。すべては「Measure」から始まります。まずは自分の管轄業務について「Measure」をして、すべてを管理してみましょう。

05 利益を上手に使うことの重要性を認識する
~It's all about money~

「It's all about money」。総務で行う仕事は、どのようなものであってもコストが掛かるという意味です。総務が外部に発注するものは当然ですが、そうでなくても、皆さん自身の人件費もコストです。営業が汗水たらし、せっかく稼いだ利益を、コストとして消費しているのです。その大事な利益を意味もなく、成果に結び付かないコストとして使って良いのでしょうか？「このコストは会社の成功に結び付くベストな使い方」であると、総務であるあなたが確信して使わなければいけません。

●総務の仕事はコストが掛かる

例えば、総務が研修室を2000万円掛けて作ったとしましょう。建設にかかる費用、そこに設置される什器の購入費用等がその内訳となります。しかし、研修室に関する費用はそれだけではありません。その研修室を使うのにも費用が掛かってくるのです。法定福利費を含んだ社員の平均時間給を3000円だとした場合、20人が1日7時間の研修を受けるのに必要な人件費は、3000円×20人×7時間の計算式で、合計42万円掛かることになります。その研修が毎月15日間あったとしたら、42万円×15日×12カ月で、なんと年間7000万円を超える人件費が研修に費やされることになります。総務は、研修室を作る費用だけでなく、年間7000万円も掛かる、研修を受けるのに必要な人件費のことも考える必要があるのです。つまり、研修の効果が上がる最適な研修施設を作らないと、この研修に掛かる7000万円が無駄になってしまうのです。イニシャル費用だけでなく、ランニングで生じてくる費用にも目を向けることが大事です。

しかし、時として私たち総務は「利益の重要性」についての感覚が薄くなりがちです。「お金」は会社から与えられるもの、そして、利益を使うこと、「お金」使うことが当然と考えてしまいます。営業や社長が、利益を生み出すためにどんなに苦労をしているのかを常に意識して、「お金」を使わなければいけません。総務が使う「お金」は、「全社一丸となって必死になって生み出した利益」であることを認識しなければなりません。その意識がない中で「戦略総務」と言っても、誰も理解してくれないでしょう。

●使うお金を減らすという方法

だからと言って、「お金」を使わなければ良い、ということではありません。会社が厳しい競争の中を勝ち抜いていくためには、会社の成功のためには、私たち総務は「お金」

を使う必要があるのです。したがって、使おうとしている「お金」と、それによってもたらされる会社の成功、業績貢献については、私たち総務は説明できなければいけないのです。

上手に「お金」を使う、その前に、使うお金を減らすことを考えてみましょう。例えば、私たち総務が使う（＝管理する）、家賃等の施設管理費用を削減することは、その額が大きいこともあり（会社で2番目に大きい費用。一番大きい費用は人件費）、会社にとって大きなインパクトを与えることになります。

例えば、社員1人当たりの年間売上が平均5000万円、1人当たりの営業利益が平均1000万円の会社であれば、営業利益を5％、50万円増やすには、売上も5％増やさなければなりません。その会社の社員1人当たりの施設管理費用が200万円だったとします。この費用をもし25％減らすことができれば50万円の削減となり、売上を5％、金額にして250万円の売上を上げたのと同じ効果が得られます。売上を5％増やすのも、施設管理費用を25％削減するのも、どちらも容易なことではないのです。しかし、売上を増加させるには、営業部門を始め多くの人たちの努力が必要なのに比べ、施設管理費用の削減は総務の工夫と努力で進めることができてしまいます。このように考えれば、総務は会社の利益の増大に貢献できる部門となるのです。

●上手にお金を使うという方法

次に、「お金」を上手に使うことについて考えてみましょう。私たち総務は、「お金を経営に貢献するように、上手に使っている」ことを、経営や営業に説明できなければいけません。営業が売上を上げるプロ、利益を作るプロであるならば、私たち総務は、「お金上手に使う」プロとして存在するべきです。「お金」を使う必要性と、その使い方がベストであること、結果として経営に貢献していることを、自信を持って説明することができれば、利益を作る営業と同様に、会社にはなくてはならない部門として認識されるでしょう。経営や営業から、「お金」を使うプロとして、戦略的な部門として認められるでしょう。

例えば、先ほどの研修室を作る事例の場合、この研修室に配置する椅子の選定について考えてみましょう。椅子の仕様はさまざまです。その選定基準をどこに置くのがベストな選定、つまりベストなお金の使い方となるでしょうか？　普通に購入するのであれば、これまで会社が購入していた椅子を基準に考えてしまうでしょう。しかしそれは、「お金」を使うプロとしての買い方ではありません。まずは、椅子の目的を明確にする必要があります。

・そもそも、研修室に椅子は本当に必要なのか？（立って会議する方が効率的なケースもあり、その場合、椅子は必要ない）
・この研修室では、どのような研修が行われるのか？　どのように使われるのか？（ホットなブレスト、冷静なジャッジ、斬新なインスピレーションのため）
・使用時間は？（30分以内、2時間以上？）
・誰がおもに使用するのか？（社員、役員、お客様？）

このようなことを勘案して、椅子のデザインや材質、さまざまな調整機能、エルゴノミクス※性能などについて検討すべきです。それにより、場合によっては、椅子の購入コストが半分になったりするくらい大きな影響があります。逆に、検討した結果、1脚5万円以上する椅子が必要である、という判断になることもあります。想定していたよりもコストが掛かるという場合には、「経営者が納得する説明」をしなければなりません。

経営と同じく、私たち総務も、会社に貢献するための戦略を持ち、その戦略に則って大事な「お金」を使うのだ、というストーリーを語って、経営に理解してもらいましょう。

※ソフトウェア、ハードウェアの快適さの設計や研究。

カペラを
どこよりも
光り輝く
「一等星」の会社に
しましょう!
はいっ!

ＦＭ担当者の管轄範囲であるものであれば、関係するおもな数値は必ず把握しておくべきである。キーとなる数字を把握していることがプロとしての信頼につながる。

10 MBWA（Management By Walking Around）

最先端の技術や、改善のチャンス、問題点、これらはすべて現場から生まれる。ＦＭ担当者は常に現場の状況把握・情報交換の時間を十分に取り、現場主義を実践する。

11 お客様と消費者の違いを知る

社員である利用者はＦＭ部門に対してさまざまな要望・クレームを伝えてくる。しかし社員は施設の消費者であり、ＦＭ部門の真の顧客はＦＭを経営に活用する会社そのものだ。

12 評判管理と期待管理

評判管理の意識を持たなければ勝手に自分の評判が作られる。自分の評判管理は良い仕事をするのではなく、相手の期待を確認しその期待に沿った成果を達成することだ。

13 Learn by doing（身体で覚える）

ＦＭは机上で学ぶことはできない。現場に出向き、ファシリティを改善するという実践を通じてしか学べない。体を動かし、現場作業者の業務を見聞きして身体で覚える。

14 Don't fear mistakes（失敗を恐れない）

ＦＭに求められているのは改善である。改善を行うには常に変更リスクが伴う。リスク・失敗を恐れずチャレンジしなければ改善は生まれない。失敗が成功の元となる。

15 リポートのないFMはFMではない

ＦＭでどのような改善を行うのかをアピールし、経営者とアライメントを確認し合うためのものがレポート。興味あるレポートで経営者に対して影響力を持てるようにする。

FM　クレド15カ条

このパートでご紹介した内容は、一般社団法人ファシリティ・オフィスサービス・コンソーシアム（FOSC）の副代表理事クレイグ・カックスさんが提唱している「FM クレド」15カ条より抜粋して解説を加えたものです。FOSC では定期的に勉強会を開催しています（http://www.fosc.jp/）。また、FM クレドを学び、総務のプロを目指す「総務プロフェッショナルコース」も販売しています。（http://www.soumu-pro.com/）

1 This is MY building　★

2 自分の経営概念を持つ　FM is MANAGEMENT　★

3 It's all about Money　2番目に大きい間接経費の管理人　★

4 Alignment（正しいFMはない）★

5 文化の担い手

ＦＭは、働き方に大きな影響を与える環境作りであり、その蓄積や工夫により会社の文化に大きな影響を与えていくチャンスとパワーがある役割があることを意識する。

6 FM is 改善（改善人間）

人は誰しも現状維持を好む。しかしＦＭにおいては改善がすべてであり、常にゼロベースで考えベストな状態を目指す。

7 目標のないFMはFMではない

ＦＭは改善であり、改善の成果は組織の成功である。組織の成功に結び付くＦＭの目標を設定してそれを達成し、成果を導く。

8 You can't manage what you don't measure
測定しないものは管理できない　★

9 Know your numbers

※★は本書で紹介した項目です。

【著者プロフィール】

豊田　健一（とよだ　けんいち）

『月刊総務』編集長

早稲田大学政治経済学部卒業。株式会社リクルート、株式会社魚力で総務課長などを経験後、ウィズワークス株式会社入社。現在、日本で唯一の管理部門向け専門誌『月刊総務』の編集長を務める。一般社団法人ファシリティ・オフィスサービス・コンソーシアムの理事や、総務育成大学校の主席講師も務める。

●専門分野／講演テーマ　〈総務業務分野〉「総務部業務全般のコンサルティング」、「総務の在り方、総務のプロとは、戦略総務の実現」など。〈営業分野〉「総務部向けの営業に関するコンサルティング」、「総務経験者が語る総務の実態、総務の意思決定プロセスを知るセミナー」。〈社内広報分野〉「社内広報体制の構築、社内報制作の実務指導、社内コミュニケーション活性化」、「読まれて人を動かす社内報の作り方、『社内誌白書』に見る社内報の現況、社内コミュニケーション4つの施策」。

【協力】

一般社団法人ファシリティ・オフィスサービス・コンソーシアム　代表理事

小山　義朗（小山エフ・エム・ブランド代表）

一般社団法人ファシリティ・オフィスサービス・コンソーシアム　副代表理事

クレイグ・カックス（株式会社エフエムパートナーズジャパン代表取締役）

一般社団法人ファシリティ・オフィスサービス・コンソーシアム　副代表理事

岡田大士郎　（株式会社スクウェア・エニックス　総務部長）

社内レイアウト資料協力（158 ～ 181 頁）／株式会社スクウェア・エニックス

編集協力／MICHE Company. LLC
シナリオ制作／青木健生
シナリオ制作協力／衣鳩久哉
カバーイラスト・作画／嶋津　蓮

マンガでやさしくわかる総務の仕事

2016年3月5日　初版第1刷発行
2017年2月20日　第3刷発行

著　者——豊田　健一

発行者——長谷川 隆
発行所——日本能率協会マネジメントセンター

〒103-6009 東京都中央区日本橋2-7-1 東京日本橋タワー
TEL 03（6362）4339（編集）／03（6362）4558（販売）
FAX 03（3272）8128（編集）／03（3272）8127（販売）
http://www.jmam.co.jp/

装丁／本文デザインDTP——ホリウチミホ（ニクスインク）
印刷所——シナノ書籍印刷株式会社
製本所——株式会社宮本製本所

ISBN 978-4-8207-1940-3 C2034
落丁・乱丁はおとりかえします。
PRINTED IN JAPAN